French for Communication

Gloria Russo
Sweet Briar College
Junior Year in France

D. C. Heath and Company
Lexington, Massachusetts   Toronto

Copyright © 1985 by D. C. Heath and Company.

All rights reserved. No part of this publication may be reproduced or transmitted in any form or by any means, electronic or mechanical, including photocopy, recording, or any information storage or retrieval system, without permission in writing from the publisher.

Published simultaneously in Canada.

Printed in the United States of America.

International Standard Book Number: 0-669-05347-3

PREFACE

French for Communication provides students with the opportunity to use realistic vocabulary in familiar situations they will encounter while traveling or living in a French-speaking country.

French for Communication is designed to be used in coordination with the *Basic French Grammar,* as an introductory French program for regular two-semester or three-quarter courses, for an intensive one-semester or interim course, or for an intensive summer workshop. While concise and brief, *French for Communication* presents all the elements necessary for interacting in the language, such as functional vocabulary, realistic dialogues and practical situations. These elements are fully integrated with the grammar presented in the corresponding lesson of *Basic French Grammar.* The core text contains the grammar explanations, while *French for Communication* presents the practical application of those structures.

Each chapter contains the following elements:

- A dialogue in French and its English equivalent
- New vocabulary
- Grammatical structure exercises incorporating the new vocabulary and providing practice of the new grammar points
- A question-answer exercise
- A dialogue completion exercise
- An illustrated exercise in which students describe or respond to questions asked about the illustrations
- A situational exercise in which the student uses new vocabulary and structures to cope with everyday situations
- A role-playing exercise in which students working together create situations suggested by the dialogue and new vocabulary
- A class activity that transforms the classroom into a segment of the target culture and requires the participation of every student (e.g., a restaurant, a market, a post office)

French for Communication also contains four vocabulary reviews at five-lesson intervals, and an end vocabulary that includes both a French-English and an English-French vocabulary.

The audio program that accompanies *French for Communication* consists of 7 cassettes of approximately 7 hours duration. It includes the dialogues recorded with appropriate pauses for repetitions and vocabulary practice exercises and dictations.

My sincere thanks to the editorial staff of D. C. Heath and Company for its unfailing assistance in the development of the present program.

Gloria Russo

CONTENTS

Expressions utiles pour la classe		vii
Lesson 1	Dans le restaurant	1
Lesson 2	A l'hotel	9
Lesson 3	Demander des renseignements	17
Lesson 4	Un coup de téléphone au médecin	27
Lesson 5	Dans l'avion	35
	Vocabulary Review	41
Lesson 6	Faire le marché	47
Lesson 7	A la douane	57
Lesson 8	Au bureau de poste	65
Lesson 9	Quelle mauvaise journée!	73
Lesson 10	Ne roulez pas trop vite!	83
	Vocabulary Review	91
Lesson 11	A la recherche d'un poste	97
Lesson 12	Une visite à Paris	108
Lesson 13	Une visite à Paris (suite)	121
Lesson 14	Partir par le train ou en voiture	133
Lesson 15	A l'agence de voyage	143
	Vocabulary Review	153
Lesson 16	Rendons visite	159
Lesson 17	Dans la salle d'urgence	167
Lesson 18	Chez le coiffeur	179

Lesson 19	Le monde des finances	189
Lesson 20	Chez le dentiste	199
	Vocabulary Review	209
	French–English Vocabulary	215
	English–French Vocabulary	222
	Solutions aux *Mots Croisés*	229
	Key to Dictations	230

Expressions utiles pour la classe (Useful Expressions for the Class)

A. When the professor is speaking to the whole class:

1. **Ouvrez vos livres à la page** .... *Open your books to page* ....
2. **Fermez vos livres, s'il vous plaît.** *Close your books, please.*
3. **Ecrivez, s'il vous plaît.** *Write, please.*
4. **Ecoutez, s'il vous plaît.** *Listen, please.*
5. **Etudiez la leçon .... , s'il vous plaît.** *Study Lesson .... , please.*
6. **Faites l'exercice numéro** .... *Do Exercise Number* ....
7. **Prononcez, s'il vous plaît.** *Pronounce, please.*
8. **Répétez, s'il vous plaît.** *Repeat, please.*
9. **Asseyez-vous, s'il vous plaît.** *Sit down, please.*
10. **Regardez, s'il vous plaît.** *Look, please.*
11. **Levez-vous, s'il vous plaît.** *Stand, please.*

B. When the professor is speaking to one student:

1. **Continuez, s'il vous plaît.** *Go on, please.*
2. **Lisez à haute voix, s'il vous plaît.** *Read aloud, please.*
3. **Allez au tableau, s'il vous plaît.** *Go to the board, please.*

C. General expressions:

1. **Dictée** *Dictation*
2. **Examen** *Exam*
3. **Présent (présente).*** *Here.*
4. **Absent (absente).*** *Absent.*
5. **Colle** *Quiz (fam.)*
6. **Très bien.** *Very good.*

---

*The form in parentheses refers to a female student.

Le Restaurant L'Arc de Triomphe

Hors d'œuvres

Crudités	8 F
Soupe à l'oignon	10 F

Entrées

Côte de porc	29 F
Bifteck	37 F

Légumes

Salade verte	8 F
Pommes de terre vapeur	12 F

Desserts

Mousse au chocolat	14 F
Tarte aux abricots	12 F

Boissons

Vin	25 F
Café	8 F
Eau minérale	6 F

1

Dans le restaurant

Didier et Madeleine entrent dans un restaurant.

DIDIER: Bonjour, Monsieur. Deux couverts, s'il vous plaît.
LE GARÇON: Oui, Monsieur. Par ici, s'il vous plaît.

A table.

LE GARÇON: Voici le menu pour le déjeuner.
DIDIER: Merci. Est-ce que vous recommandez le menu à 58 francs?
LE GARÇON: Oui, mais les clients aiment beaucoup le menu à 70 francs.
DIDIER: D'accord, deux menus à 70 francs.
LE GARÇON: Bien, Monsieur. Madame désire?
MADELEINE: Je désire des crudités, un bifteck saignant, et une salade verte.
LE GARÇON: Et Monsieur?
DIDIER: Pour moi, une soupe à l'oignon et une côte de porc avec des pommes de terre vapeur.
LE GARÇON: Et comme boisson?
DIDIER: Une bouteille de vin rouge et une carafe d'eau.

Plus tard.

LE GARÇON: Est-ce que vous désirez un dessert?
DIDIER: Oui. Pour Madame une tarte aux abricots et pour moi une mousse au chocolat.
MADELEINE: Et deux cafés, s'il vous plaît.

Le garçon apporte l'addition.

DIDIER: Vous acceptez les chèques de voyage?
LE GARÇON: Non, Monsieur. Nous acceptons seulement les cartes de crédit ou les francs, bien entendu.

* * *

At the Restaurant

Didier and Madeleine enter a restaurant.

DIDIER: Good afternoon, sir. A table for two, please.
THE WAITER: Yes, sir. This way, please.

At the table.

THE WAITER: Here is the luncheon menu.
DIDIER: Thank you. Do you recommend the 58-franc menu?

THE WAITER:	Yes, but our customers like the 70-franc menu a lot.
DIDIER:	Okay, two 70-franc menus.
THE WAITER:	Very good, sir. What does Madam wish to order?
MADELEINE:	I want a plate of raw vegetables, a rare steak, and a green salad.
THE WAITER:	And you, sir?
DIDIER:	For me, onion soup and a pork chop with steamed potatoes.
THE WAITER:	And to drink?
DIDIER:	A bottle of red wine and a carafe of water.

Later.

THE WAITER:	Do you want (= desire) a dessert?
DIDIER:	Yes. For the lady, a piece of apricot pie and for me a chocolate mousse.
MADELEINE:	And two coffees, please.

The waiter brings the bill.

DIDIER:	Do you accept traveler's checks?
THE WAITER:	No, sir. We accept only credit cards or francs, of course.

VOCABULARY

NOUNS

l'abricot (*m.*) apricot
l'addition (*f.*) bill
le bifteck steak
la boisson drink
la bouteille bottle
le café coffee
la carafe carafe
la carte (de crédit) (*credit*) card
le chèque (de voyage) (*traveler's*) check
le client client
la côte de porc pork chop
le couvert place setting (*at table*)
la crudité raw vegetable
le déjeuner lunch
le dessert dessert
l'eau (*f.*) water
le franc franc (*monetary unit*)
le garçon waiter
le menu menu
la mousse au chocolat chocolate mousse
la pomme de terre (vapeur) (*steamed*) potato
le restaurant restaurant
la salade salad
la soupe soup
la tarte (aux abricots) (*apricot*) pie
le vin wine

VERBS

accepter to accept
aimer to like
apporter to bring
désirer to desire
entrer to enter, go into
recommander to recommend

USEFUL EXPRESSIONS

à table at the table
beaucoup a lot
bien very good
bien entendu of course
bonjour good day, hello
comme as
d'accord okay
dans in
mais but
merci thank you
Monsieur Sir
non no
ou or
oui yes
par ici this way
plus tard later
pour for
rouge red
saignant(e) rare
seulement only
s'il vous plaît please
vert(e) green
voici here is

Name.. Section.. Date ....

GRAMMATICAL STRUCTURE EXERCISES

A. Write affirmative sentences using the following groups of words.

1. Nous / désirer / deux couverts. ....

2. Elles / aimer / le dessert. ....

3. Le garçon / apporter / l'addition. ....

4. Tu / recommander / le vin. ....

5. Je / accepter / les chèques. ....

6. Vous / désirer / le menu. ....

B. Make the sentences in A negative.

1. ....

2. ....

3. ....

4. ....

5. ....

6. ....

QUESTION-ANSWER EXERCISE

Answer each of the following questions in a complete sentence.

1. Désires-tu le menu?

   ....

2. Est-ce que le restaurant accepte les chèques?

   ....

3. Aimez-vous les crudités?

   ....

4. Est-ce que Madeleine apporte l'addition?

   ....

5. Désirent-ils une salade verte?

   ....

6. Est-ce que tu aimes le bifteck saignant?

   ....

7. Recommande-t-il le menu à 46 francs?

   ....

8. Est-ce qu'elles désirent l'addition?

   ....

9. Acceptes-tu les chèques?

   ....

10. Est-ce que vous aimez le vin rouge?

    ....

DIALOGUE COMPLETION

Using your imagination and the vocabulary learned in this lesson, complete the missing lines of these dialogues.

Dans le restaurant.

JOSETTE: ....

LE GARÇON: Oui, Mademoiselle. Par ici, s'il vous plaît.

A table.

LE GARÇON: ....

JOSETTE: Une soupe à l'oignon, s'il vous plaît.

LE GARÇON: ....

JOSETTE: Un bifteck saignant et une salade.

LE GARÇON: ....

JOSETTE: Non, je n'aime pas le dessert.

LE GARÇON: ....

JOSETTE: Je désire un café.

Josette termine le déjeuner et le garçon apporte l'addition.

JOSETTE: Monsieur, acceptez-vous les cartes de crédit?

LE GARÇON: ....

JOSETTE: Les chèques de voyage?

LE GARÇON: ....

Name.. Section...................................... Date ....

PICTURE PERFECT

Write what you think people are saying in each of the scenes illustrated on page 6.

1. LE GARÇON: ....

   MADELEINE: ....

   JEAN-LUC: ....

2. LE GARÇON: ....

   FRANÇOISE: ....

3. LE GARÇON: ....

   PIERRE: ....

   CAROLINE: ....

4. GEORGES: ....

   LE GARÇON: ....

5. MONIQUE: ....

   LE GARÇON: ....

SITUATIONAL EXERCISE

What would you say in the following situations?

1. You are a customer in a shop. Ask the clerk if you can use traveler's checks.
2. You are a clerk in a store. A client asks if he can pay with traveler's checks. You assure him that he can.
3. You enter a restaurant. Ask for a table for one person.
4. You're in a restaurant and you have no cash to pay the bill. Ask the waiter if you can pay with a credit card.
5. You're in a restaurant. You tell the waiter that you want a bottle of red wine.
6. You're with a friend who wants to order the 78 franc menu. Tell him you like the 55 franc menu.
7. You're a waiter. Ask the people at your table what they want to drink.
8. You're in a restaurant. Order a rare steak, a salad, a piece of apricot pie, and some red wine.

AND NOW, IT'S YOUR TURN!

Act out the following situations with a partner:

1. A waiter and customer ordering in a restaurant.
2. A customer paying a bill at a cash register.

Name.. Section...................................... Date ....

DICTATION

....
....
....
....
....

CLASS ACTIVITY

Students make up a simple menu, including the price of each item, and write it on the board. The class then divides into groups to play the roles of customers and waiters. Customers place orders, waiters write orders, go to kitchen, return to tables, distribute food and drinks, naming them as they do so. Customers ask for the bill and arrange to pay either with cash or credit cards.

2

A l'hôtel

Les Lebrun voyagent en voiture.

M. LEBRUN: Fatiguée, chérie?
MME LEBRUN: Oui, Paul. Cherches-tu un hôtel?
M. LEBRUN: Oui, un joli petit hôtel dans un endroit calme.
MME LEBRUN: Merci, chéri.

A la réception dans l'hôtel.

M. LEBRUN: Bonjour, Mademoiselle. Nous désirons une chambre à deux avec un grand lit.
LA RÉCEPTIONNISTE: Avec douche ou salle de bains?
M. LEBRUN: Avec douche, s'il vous plaît.
LA RÉCEPTIONNISTE: Très bien, Monsieur. La chambre coûte 155 francs, petit déjeuner compris.
M. LEBRUN: Excellent. Nous laissons les valises au porteur et nous montons directement à la chambre.

Dans la chambre.

MME LEBRUN: Chéri, je laisse la porte ouverte pour le porteur. D'accord?
M. LEBRUN: D'accord. Je cherche quelques francs; il mérite un bon pourboire.
MME LEBRUN: Bonne idée. Les valises pèsent lourd.
LE PORTEUR: Où est-ce que je pose les valises, Madame?
MME LEBRUN: Sur le lit, s'il vous plaît.
LE PORTEUR: Très bien, Madame. (Il donne la clé à M. Lebrun et il accepte le pourboire.) L'hôtel offre les petits chocolats suisses sur la table pour accueillir les voyageurs. Bon séjour chez nous.

* * *

At the Hotel

The Lebruns are traveling by car.

MR. LEBRUN: Tired, darling?
MRS. LEBRUN: Yes, Paul. Are you looking for a hotel?
MR. LEBRUN: Yes, a pretty little hotel in a quiet place.
MRS. LEBRUN: Thank you, dear.

At the reception desk in the hotel.

MR. LEBRUN: Hello, Miss. We want a room for two with a double bed.
RECEPTIONIST: With a shower or a bath?

MR. LEBRUN: With a shower, please.
RECEPTIONIST: Very good, sir. The room costs 155 francs, breakfast included.
MR. LEBRUN: Excellent. We'll leave the suitcases for the porter and go directly up to the room.

In the room

MRS. LEBRUN: Darling, I'm leaving the door open for the porter. Okay?
MR. LEBRUN: Okay. I'm looking for some francs; he deserves a good tip.
MRS. LEBRUN: Good idea. The suitcases weigh a lot.
THE PORTER: Where do I put the suitcases, Madam?
MRS LEBRUN: On the bed, please.
THE PORTER: Very good, Madam. (He gives the key to Mr. Lebrun and he accepts the tip.) The hotel offers the little Swiss chocolates on the table to welcome travelers. Enjoy your stay with us.

VOCABULARY

NOUNS

la chambre room
le (la) chéri(e) darling
le chocolat chocolate
la clé key
la douche shower
l'endroit (*m.*) place
l'hôtel (*m.*) hotel
l'idée (*f.*) idea
le lit bed
le petit déjeuner breakfast
la porte door
le porteur porter
le pourboire tip
la réception reception desk
le (la) réceptionniste receptionist
la salle de bains bath
le séjour stay
la valise suitcase
la voiture car
le voyageur traveler

VERBS

accueillir to welcome
chercher to look for
coûter to cost
donner to give
laisser to leave
mériter to deserve
monter to go up

offrir to offer
peser to weigh
voyager to travel

ADJECTIVES

bon(ne) good
calme quiet
compris(e) included
excellent(e) excellent
fatigué(e) tired
grand(e) big
joli(e) pretty
ouvert(e) open
petit(e) little
quelques some
suisse Swiss

USEFUL EXPRESSIONS

à to
à deux for two
avec with
chez with (*special meaning with a pronoun*)
directement directly
en in (*the*)
où where
peser lourd to weigh a lot
pour to
sur on
très bien very well

GRAMMATICAL STRUCTURE EXERCISES

A. Make each of the following sentences plural.

Model: Je désire une chambre.
Nous désirons des chambres.

1. Tu laisses la valise.

Name.. Section................................. Date ....

    2. Elle offre un chocolat.

    ....

    3. J'accueille le voyageur.

    ....

    4. Cherche-t-elle un hôtel?

    ....

    5. Le porteur mérite un pourboire.

    ....

    6. Il donne la clé à Paul.

    ....

B. Complete these sentences, using the correct forms of the following adjectives.

    ouvert   calme   joli   fatigué
    grand   petit   compris   bon

Les Lebrun, très ...., cherchent un .... hôtel dans un endroit .... A l'hôtel Montrex les chambres coûtent 130 francs, ... déjeuner .... Les Lebrun acceptent une chambre. Ils montent directement et laissent la porte .... pour le porteur.

QUESTION-ANSWER EXERCISE

Answer each of the following questions in a complete sentence.

1. Désirez-vous une chambre avec une douche?

....

2. Offre-t-il des chocolats suisses?

....

3. Est-ce que la chambre coûte 95 francs?

....

4. Laissez-vous les clés sur la table?

....

5. Est-ce que Mme Lebrun cherche quelques francs?

....

6. Voyagez-vous en voiture?

   ....

7. Est-ce que la réceptionniste accueille les voyageurs?

   ....

8. Poses-tu les valises sur le lit?

   ....

9. Est-ce que le porteur mérite un petit pourboire?

   ....

10. Cherche-t-elle un bon hôtel?

    ....

DIALOGUE COMPLETION

Using your imagination and the vocabulary learned in this lesson, complete the missing lines of these dialogues.

Dans la voiture.

CHARLES: ....

CHARLOTTE: Oui, très fatiguée. Cherches-tu un hôtel?

CHARLES: ....

CHARLOTTE: Bonne idée.

Dans l'hôtel.

LA RÉCEPTIONNISTE: Bonjour, Monsieur. Vous désirez une chambre?

CHARLES: ....

LA RÉCEPTIONNISTE: Une chambre avec un grand lit? Oui. Et une douche?

CHARLES: ....

LA RÉCEPTIONNISTE: Très bien, Monsieur. 171 francs, tout compris.

Dans la chambre. Le porteur pose les valises.

CHARLOTTE: Donnes-tu un pourboire, Charles?

CHARLES: ....

CHARLOTTE: Excellent. Il mérite un bon pourboire.

Name.. Section..................................... Date ....

PICTURE PERFECT

Complete each of the following sentences describing what people are doing in the scenes illustrated on page 14.

1. Françoise désire..

2. Le porteur pose ....

3. On donne..

4. Pierre cherche ....

5. La réceptionniste donne..

6. Le porteur n'accepte pas ....

7. Non, elle désire...

8. Marie-Ange laisse ....

SITUATIONAL EXERCISE

What would you say in the following situations?

1. Tell someone you are looking for a good hotel.
2. Tell the hotel receptionist you want a room with two beds.
3. Ask your friend if you should give a tip.
4. Ask for a room with a double bed and a shower.
5. Tell the receptionist that you want a quiet room with a bath.
6. Tell your friend that the porter deserves a good tip.
7. Warn the porter that your bags are very heavy.

AND NOW, IT'S YOUR TURN!

Act out the following situations with a partner:

1. A traveler asking for a room in a hotel.
2. Two people trying to decide how much to give as a tip.
3. A porter asking where to put the luggage and the keys.

DICTATION

....

....

....

....

....

Name.. Section...................................... Date ....

CLASS ACTIVITY

Divide the class into groups; each group represents a family of four, a hotel receptionist, and a bellhop in a crowded modern city hotel. The family decides how many rooms they need, how many beds, etc., whether or not they want breakfast included, and makes arrangements with the receptionist, who then gives instructions to the bellhop. The bellhop repeats the directions and leads the family to the elevator.

3

Demander des renseignements

Caroline, étudiante à l'université de la Sorbonne, demande des rensignements.

CAROLINE:	Pardon, Madame. Je cherche le musée du Louvre. Est-ce loin?
LA DAME:	Le Louvre? Non, Mademoiselle, mais vous n'êtes pas tout près non plus.
CAROLINE:	Est-ce que je vais au moins dans la bonne direction?
LA DAME:	Oui, oui. Nous sommes ici Place de la Concorde. Le Jardin des Tuileries est devant nous.
CAROLINE:	Est-ce que le Louvre est le grand édifice au fond du jardin?
LA DAME:	Oui, Mademoiselle. Comme vous constatez, il n'est pas très loin.
CAROLINE:	Est-ce que je traverse donc le jardin et la Place du Carrousel?
LA DAME:	Oui. Puis vous entrez dans la cour du Louvre et à droite vous trouvez l'entrée du musée.
CAROLINE:	Merci, Madame.

Caroline termine sa visite au Louvre. Elle va maintenant à Notre-Dame avec son ami Charles, étudiant à l'Alliance Française.

CAROLINE:	Excusez-moi, Monsieur. Où est Notre Dame, s'il vous plaît?
LE MONSIEUR:	Notre-Dame est dans l'Ile-de-la Cité, Mademoiselle. Est-ce que vous et votre ami allez à la cathédrale à pied?
CAROLINE:	Oui, si possible.
LE MONSIEUR:	Donc, vous montez la rue de Rivoli jusqu'à la rue de la Monnaie. Là vous tournez à droite.
CAROLINE:	Est-ce qu'elle mène au Pont Neuf?
LE MONSIEUR:	Oui. Vous traversez le pont, vous tournez à gauche et vous longez le quai de l'Horloge.
CHARLES:	Et à la rue de la Cité nous tournons à droite, n'est-ce pas?
LE MONSIEUR:	Oui, jeune homme.
CHARLES:	Nous montons la rue et nous trouvons le Parvis Notre-Dame avec la cathédrale au fond de la place.
LE MONSIEUR:	Vos indications sont exactes. Visitez-vous souvent Paris?
CHARLES:	Non, Monsieur, mais j'étudie souvent mon plan de Paris.

* * *

Asking Directions

Caroline, a student at the Sorbonne University, asks for directions.

CAROLINE:	Excuse me, Madam. I'm looking for the Louvre Museum. Is it far?
THE LADY:	The Louvre? No, Miss, but you're not right nearby either.

CAROLINE: Am I at least going in the right direction?
THE LADY: Yes, yes. This is (= We are here in) the Place de la Concorde. The Tuileries Garden is in front of us.
CAROLINE: Is the Louvre the big building at the end of the garden?
THE LADY: Yes, Miss. As you can see (= notice), it isn't very far.
CAROLINE: Should I (= Do I, then) cross the garden and the Place du Carrousel?
THE LADY: Yes. Then you enter the courtyard of the Louvre, and to the right you'll find the museum's entrance.
CAROLINE: Thank you, Madam.

Caroline finishes her visit to the Louvre. Now she's going to Notre-Dame with her friend Charles, a student at the Alliance Française.

CAROLINE: Excuse me, sir. Where is Notre-Dame, please?
THE MAN: Notre-Dame is on the Ile-de-la Cité, Miss. Are you and your friend going to the cathedral on foot?
CAROLINE: Yes, if possible.
THE MAN: Then you go up Rivoli Street as far as Monnaie Street. You turn right there.
CAROLINE: Does that street lead to the Pont Neuf?
THE MAN: Yes. You cross the bridge, turn left, and walk along the Horloge Embankment.
CHARLES: And at Cité Street we turn right, don't we?
THE MAN: Yes, young man.
CHARLES: We go up the street as far as (= and we find) the Square of (= Parvis) Notre-Dame; the cathedral is (= with the cathedral) at the end of the square.
THE MAN: Your directions are perfect (= exact). Do you visit Paris often?
CHARLES: No, sir, but I study my map of Paris a lot (= often).

VOCABULARY

NOUNS

l'ami(e) (*m. & f.*) friend
la cathédrale cathedral
la cour courtyard
la direction direction
l'édifice (*m.*) building
l'entrée (*f.*) entrance, entrance fee
l'étudiant(e) (*m. & f.*) student
l'homme (*m.*) man
l'indication (*f.*) direction
le jardin garden
Madame Madam
Mademoiselle Miss
le musée museum
la place square
le plan map
le pont bridge
le quai embankment
le renseignement direction
la rue street
l'université (*f.*) university
la visite visit

VERBS

aller to go
constater to note
demander to ask for
entrer to enter
être to be
étudier to study
longer to walk along
mener to lead
terminer to end
tourner to turn
traverser to cross
trouver to find
visiter to visit

ADJECTIVES

exact(e) exact
jeune young

USEFUL EXPRESSIONS

à droite on/to the right
à gauche on/to the left
à pied on foot
au fond de at the end of
au moins at least
comme as
devant in front of
donc therefore
excusez-moi excuse me
ici here
jusqu'à as far as
là there

Name.. Section...................................... Date ....

loin far
maintenant now
non plus either
pardon excuse me
puis then

si possible if possible
souvent often
tout près nearby
très very
une fois once

GRAMMATICAL STRUCTURE EXERCISES

A. Complete the following chart:

INFINITIF	JE	TU	IL./ELLE/ON	NOUS	VOUS	ILS/ELLES
être						
	visite					
		étudies				
			entre			
				cherchons		
					offrez	
						vont

B. Complete each of the following sentences with the appropriate possessive adjective. Then read the sentence aloud.

Model: Je cherche **un** menu.
*Je cherche **mon** menu.*

1. Elle traverse une rue. Elle traverse .... rue.

2. Je vais à l'université. Je vais à .... université.

3. Tu cherches une amie. Tu cherches .... amie.

4. Vous montez à la chambre. Vous montez à .... chambre.

5. Il demande le déjeuner. Il demande .... déjeuner.

6. Nous terminons une visite. Nous terminons .... visite.

QUESTION-ANSWER EXERCISE

Answer each of the following questions in a complete sentence.

1. Cherchez-vous le Louvre?

   ....

2. Etudie-t-elle à l'Alliance Française?

   ....

3. Est-elle l'amie de Robert?

   ....

4. Vas-tu au musée?

   ....

5. Est-ce que l'entrée de l'université est à gauche?

   ....

6. Où allons-nous?

   ....

7. Est-ce que ton amie est étudiante?

   ....

8. Sont-elles étudiantes à notre université?

   ....

9. Est-ce que la rue de Rivoli est loin?

   ....

10. Allez-vous à la Sorbonne?

    ....

11. Aime-t-elle la cathédrale?

    ....

12. Cherchent-ils dans la bonne direction?

    ....

13. Es-tu étudiant à la Sorbonne?

    ....

14. Sommes-nous très loin de l'université?

    ....

15. Est-ce que les rues sont très petites?

    ....

16. Vas-tu à la Place du Carrousel?

    ....

17. Est-ce que la rue de la Monnaie mène au Louvre?

....

18. Cherchez-vous votre amie?

....

19. Vont-ils à l'Alliance Française?

....

20. Demandes-tu des renseignements?

....

DIALOGUE COMPLETION

Using your imagination and the vocabulary learned in this lesson, complete the missing lines of these dialogues.

CHARLES: Excusez-moi, Madame. Est-ce que la Sorbonne est loin?

LA DAME: ....

CHARLES: Où sommes-nous?

LA DAME: ....

CHARLES: Et Notre-Dame est loin de la Sorbonne, n'est-ce pas?

LA DAME: ....

CHARLES: Merci, Madame. Je vais au Pont Saint-Michel et je demande la bonne direction.

Au pont Saint-Michel.

CHARLES: Pardon, Monsieur. Est-ce que je suis loin de la Sorbonne?

LE MONSIEUR: ....

CHARLES: Ah, bon! Je monte le boulevard Saint-Michel. Où est-ce que je tourne?

LE MONSIEUR: ....

CHARLES: A la place de la Sorbonne. Merci bien, Monsieur.

A la place de la Sorbonne.

CHARLES: Pardon, Mademoiselle. Je cherche la Sorbonne.

LA JEUNE FEMME: ....

CHARLES: Ah! Le grand édifice au bout de la place. Etes-vous étudiante à la Sorbonne?

LA JEUNE FEMME: ....

CHARLES: Aimez-vous la Sorbonne?

LA JEUNE FEMME: ....

CHARLES: Non, je suis étudiant à l'Alliance Français.

LA JEUNE FEMME: ....

CHARLES: Oui, j'aime beaucoup Paris. Désirez-vous un café?

LA JEUNE FEMME: ....

CHARLES: Excellent! Nous allons dans un restaurant sur le boulevard Saint-Michel.

PICTURE PERFECT

Answer each of the following questions in a complete sentence according to the pictures on page 23.

1. Est-ce que Robert cherche la Sorbonne?

   ....

2. Où vont-elles?

   ....

3. Est-ce qu'Annie va à la Sorbonne?

   ....

4. Est-ce que Georges va à la Sorbonne?

   ....

5. Est-ce que la cathédrale de Notre-Dame est petite?

   ....

6. Est-ce que Jacques donne un bon pourboire?

   ....

7. Est-ce que l'enfant des Mercier est fatigué?

   ....

8. Est-ce que Marianne visite la cathédrale?

   ....

SITUATIONAL EXERCISE

What would you say in the following situations? Refer to the map on page 00.

1. You are standing in front of Notre-Dame. Someone asks you how to get to the Pont Saint-Michel.
2. You ask someone where the Sainte-Chapelle is.

Visitons Paris! (*Let's visit Paris!*)

3. You are standing on the Pont Saint-Michel. Someone asks you how to get to Boulevard Saint Germain.
4. You tell someone that the Sorbonne is the large building at the end of the Place de la Sorbonne.
5. You ask someone where la Place de l'Opéra is.
6. Tell someone to cross the Place de l'Opéra and to look for the rue Scribe.
7. You want to know if it's possible to reach the Alliance Française on foot.

AND NOW, IT'S YOUR TURN!

Act out the following situations with a partner:

1. Both of you reading a map of Paris and trying to find the best way to get from Notre-Dame to the Jardin du Luxembourg.
2. A Parisian giving a confused foreigner directions to reach the Ile-de-la Cité from the Place de la Concorde.

DICTATION

....

....

....

....

....

CLASS ACTIVITY

The students, with two exceptions, are all tourists on a bus in Paris. The two exceptions, the bus driver and the guide, must answer all their questions about how to go from one place to another near the Louvre, as well as questions describing that area of Paris concerning its attractiveness, the size of buildings, the location of famous restaurants, museums, churches, etc.

4

Un coup de téléphone au médecin

Mme Selin téléphone au médecin.

MME SELIN:	Le docteur Colin, s'il vous plaît.
LA RÉCEPTIONNISTE:	De la part de qui?
MME SELIN:	Mme Selin; mon fils est malade.
LA RÉCEPTIONNISTE:	Ne quittez pas, s'il vous plaît.
LE MÉDECIN:	Bonjour, Madame Selin, comment allez-vous?
MME SELIN:	Je vais bien, merci, mais mon fils Gustave a 39° de température.
LE MÉDECIN:	Quels autres symptômes manifeste-t-il?
MME SELIN:	Des vomissements. Et il a mal à la tête.
LE MÉDECIN:	Est-ce qu'il a soif?
MME SELIN:	Oui, il a très soif et très sommeil, mais il n'a pas faim. Il tousse aussi.
LE MÉDECIN:	Quel âge a-t-il maintenant, Madame?
MME SELIN:	Mon bébé a six ans.
LE MÉDECIN:	A six ans les enfants attrapent toujours quelque chose. Il souffre d'une grippe intestinale peu grave.
MME SELIN:	A-t-il besoin de quelques médicaments?
LE MÉDECIN:	Un cachet d'aspirine trois fois par jour pour la fièvre.
MME SELIN:	Et pour les autres symptômes?
LE MÉDECIN:	Une bonne soupe et un jour au lit.
MME SELIN:	Quelle ordonnance simple! Est-ce que je retéléphone à votre bureau plus tard?
LE MÉDECIN:	Oui, Madame. Vers 16 heures si notre petit Gustave passe bien la journée.
MME SELIN:	Et si la fièvre ne diminue pas?
LE MÉDECIN:	Plus tôt. Vers midi, par exemple.
MME SELIN:	Merci, Docteur. Au revoir.
LE MÉDECIN:	Au revoir, Madame.

* * *

A Phone Call to the Doctor.

Mrs. Selin telephones the doctor.

MRS. SELIN:	Doctor Colin, please.
THE RECEPTIONIST:	Who's calling?
MRS. SELIN:	Mme Selin; my son is sick.
THE RECEPTIONIST:	Hold on, please.
THE DOCTOR:	Hello, Mme Selin. How are you?

MRS. SELIN:	I'm very well, thank you, but my son Gustave has a 102.2° temperature.
THE DOCTOR:	What other symptoms does he have (= is he showing)?
MRS. SELIN:	Vomiting. And he has a headache.
THE DOCTOR:	Is he thirsty?
MRS. SELIN:	Yes, he's very thirsty and very sleepy, but he's not hungry. He's coughing too (= also).
THE DOCTOR:	How old is he now, Madam?
MRS. SELIN:	My baby is six years old.
THE DOCTOR:	At six, children always catch something. He's suffering from an intestinal flu that's not serious.
MRS. SELIN:	Does he need some medicine?
THE DOCTOR:	One aspirin three times a day for the fever.
MRS. SELIN:	And for the other symptoms?
THE DOCTOR:	A good soup and a day in bed.
MRS. SELIN:	What a simple prescription! Shall I phone your office again later?
THE DOCTOR:	Yes, Madam. Around 4 o'clock if our little Gustave has a good day.
MRS. SELIN:	And if the fever doesn't go down (= lessen)?
THE DOCTOR:	Earlier. Around noon, for example.
MRS. SELIN:	Thank you, Doctor. Good-bye.
THE DOCTOR:	Good-bye, Madam.

VOCABULARY

NOUNS

l'âge (*m.*) age
l'aspirine (*f.*) aspirin
le bébé baby
le bureau office
le cachet tablet
le coup de téléphone telephone call
le docteur doctor
l'enfant (*m. & f.*) child
le fils son
la fièvre fever
la fois time
la grippe flu
l'hôpital (*m.*) hospital
le jour day
la journée day (*duration*)
le médecin doctor
le médicament medicine
l'ordonnance (*f.*) prescription
le symptôme symptom
la température temperature
le vomissement vomiting

VERBS

attraper to catch
avoir ___ ans to be ___ years old
avoir besoin de to need
avoir faim to be hungry
avoir mal à la tête to have a headache
avoir soif to be thirsty
avoir sommeil to be sleepy
diminuer to lessen
manifester to show
passer to spend
(re)téléphoner to phone (*again*)
souffrir to suffer
tousser to cough

ADJECTIVES

autre other
intestinal(e) intestinal
malade sick
petit(e) little
simple simple

USEFUL EXPRESSIONS

aussi also
comment how
de la part de qui? who's calling?
(16) heures (4) o'clock
ne quittez pas hold on
par jour a day
passer bien la journée to have a good day
peu grave not serious
plus tard later
plus tôt earlier
quelque chose something
si if
toujours always
vers around

Name.. Section.. Date ....

GRAMMATICAL STRUCTURE EXERCISES

A. **You are needed as an interpreter. Write the French translation for each of the following questions and answers.**

   1. What time is it? ....

      It is twelve noon. ....

   2. Are you sleepy, Jean? ....

      No, I'm not sleepy. ....

   3. Are you going to the restaurant? ....

      Yes, around 8 o'clock. ....

   4. Does she need some medicine? ....

      Yes, three aspirins twice a day. ....

      ....

   5. What prescription are you looking for? ....

      I'm looking for the prescription for Mrs. Merault. ....

      ....

   6. What symptoms does he have? ....

      His head hurts. ....

   7. At what time are you going to the museum? ....

      ....

      At three in the afternoon. ....

   8. Are you thirsty? ....

      No, but I'm tired. ....

   9. Are you hungry, Paul? ....

      Yes, I'm very hungry. ....

   10. How old are you? ....

      I'm twenty-one. ....

B. Write the time indicated on the following clocks in a complete sentence.

1. ....
2. ....
3. ....
4. ....
5. ....
6. ....

C. Using the times of the following clocks, state at what time the train arrives. Use the 24-hour clock. Write complete sentences.

Model: Le train arrive à vingt-deux heures.

1. ....
2. ....
3. ....
4. ....
5. ....
6. ....

QUESTION-ANSWER EXERCISE

Answer each of the following questions in a complete sentence.

1. A quelle heure vas-tu à l'hôpital? ....
2. Ont-ils soif? ....
3. Va-t-elle bien? ....
4. Quel âge as-tu? ....

5. Ont-elles sommeil? ....

6. Avez-vous une grande chambre? ....

7. A quelle heure téléphone-t-il? ....

8. Ont-ils mes trois livres? ....

9. Comment allez-vous? ....

10. Passes-tu la journée au lit? ....

DIALOGUE COMPLETION

Using your imagination and the vocabulary learned in this lesson, complete the missing lines of this dialogue.

M. Cardin téléphone à l'hôpital.

M. CARDIN: ....

LA RÉCEPTIONNISTE: De la part de qui?

M. CARDIN: ....

LA RÉCEPTIONNISTE: Votre femme est malade? Ne quittez pas, s'il vous plaît.

LE MÉDECIN: ....

M. CARDIN: Bonjour, Docteur. Ma femme ne va pas bien.

LE MÉDECIN: ....

M. CARDIN: Non, elle n'a pas de fièvre.

LE MÉDECIN: ....

M. CARDIN: Non, elle ne tousse pas.

LE MÉDECIN: ....

M. CARDIN: Oui, elle a très faim.

LE MÉDECIN: ....

M. CARDIN: Oui, elle a des vomissements le matin.

LE MÉDECIN: ....

M. CARDIN: Oui, nous aimons les enfants.

LE MÉDECIN: ....

M. CARDIN: Un bébé! Merci, Docteur.

PICTURE PERFECT

Answer each of the following questions according to the picture.

1. Où sommes-nous?

   ....

2. Quelle heure est-il?

   ....

3. Est-ce qu'il est tôt ou tard?

   ....

4. Quelle femme est malade?

   ....

5. Quel enfant a sommeil?

   ....

Name.. Section..................................... Date ....

6. Quel enfant a soif?

   ....

7. Quel homme téléphone à l'hôtel?

   ....

8. A quelle heure le train arrive-t-il?

   ....

SITUATIONAL EXERCISE

What would you say in the following situations?

1. You feel ill and try to explain your symptoms to a friend.
2. The doctor has given you a prescription. You ask the pharmacist if you need two pills three times a day or three pills twice a day.
3. Someone phones the apartment where you live. You must answer the phone and then ask the caller to hold the line while you look for the person he / she is calling.
4. The doctor asks if you have a fever. You must give your temperature using the Celsius scale.

AND NOW, IT'S YOUR TURN!

Act out the following situations with a partner:

1. A parent talking to a doctor on the phone about a sick child.
2. A visitor in a hospital trying to find out how a sick friend is doing.

DICTATION

....

....

....

....

....

CLASS ACTIVITY

There is an epidemic of intestinal flu. The classroom is transformed into a clinic staffed by several nurses and doctors. Members of the class come in, either individually, in couples, or as parents with sick children. The nurses ask the parents of the children or the sick persons themselves what symptoms they have and the doctors prescribe the proper medication.

5

Dans l'avion

L'avion décolle et les hôtesses préparent le service des repas.

L'HÔTESSE:	Bonsoir, Madame. Quel repas voulez-vous, de la viande ou du poisson?
LA DAME:	De la viande, s'il vous plaît.
L'HÔTESSE:	Oui, Madame. Et vous, Monsieur?
LE MONSIEUR:	Du poisson, s'il vous plaît.
L'HÔTESSE:	Bien, Monsieur. Et voulez-vous du vin?
LE MONSIEUR:	Oui, et un jus d'orange avec un peu de whisky avant le repas.
LA DAME:	Une bouteille d'eau minérale. Je ne peux pas boire de vin.

Les hôtesses servent les repas.

L'HÔTESSE:	Voulez-vous du café, Mademoiselle?
LA JEUNE FEMME:	Oui, avec beaucoup de sucre, s'il vous plaît.
L'HÔTESSE:	Voulez-vous quelque chose, Monsieur?
LE MONSIEUR:	Des cigares, si j'ai assez d'argent.
L'HÔTESSE:	On ne vend pas de cigares, Monsieur, mais le steward vend des cigarettes françaises.

Les passagers remplissent les cartes de débarquement.

L'ENFANT:	Pourquoi remplit-on une carte de débarquement, Maman?
LA MÈRE:	Les douaniers contrôlent ainsi l'arrivée des voyageurs.
L'ENFANT:	Est-ce que l'avion atterrit?
LA MÈRE:	Pas encore, mon petit, nous descendons.
L'ENFANT:	Est-ce que Papa attend à l'aéroport?
LA MÈRE:	Oui. Tu peux attacher ta ceinture de sécurité maintenant. Nous atterrissons dans quelques minutes.

* * *

In the Plane

The plane takes off, and the flight attendants prepare the meal service.

FLIGHT ATTENDANT:	Good evening, Madam. Which meal do you want, meat or fish?
THE LADY:	Meat, please.
FLIGHT ATTENDANT:	Yes, Madam. And you, sir?
THE MAN:	Fish, please.
FLIGHT ATTENDANT:	Very good, sir. And do you want some wine?
THE MAN:	Yes, and an orange juice with a little whiskey before the meal.
THE LADY:	A bottle of mineral water. I can't drink wine.

The flight attendants serve the meals.

FLIGHT ATTENDANT: Do you want some coffee, Miss?
THE YOUNG WOMAN: Yes, with a lot of sugar, please.
FLIGHT ATTENDANT: Do you want something, sir?
THE MAN: Some cigars if I have enough money.
FLIGHT ATTENDANT: We don't sell cigars, sir, but the steward is selling French cigarettes.

The passengers are filling out landing cards.

THE CHILD: Why are the people filling out landing cards, Mama?
THE MOTHER: That's how (= in that way) customs officers control the travelers' arrival.
THE CHILD: Is the plane landing?
THE MOTHER: Not yet, (my) little one; we're descending.
THE CHILD: Is Daddy waiting at the airport?
THE MOTHER: Yes. You can fasten your safety belt now. We're landing in a few minutes.

VOCABULARY

NOUNS

l'aéroport (*m.*) airport
l'argent (*m.*) money
l'arrivée (*f.*) arrival
l'avion (*m.*) airplane
la bouteille bottle
la carte card
la ceinture (de sécurité) (*safety*) belt
le cigare cigar
la cigarette cigarette
le débarquement landing
le (la) douanier(ière) customs officer
l'hôtesse (*f.*) flight attendant, stewardess
le jus juice
Maman Mama
la minute minute
l'orange (*f.*) orange
Papa Papa
le (la) passager(ère) passenger
le (la) petit(e) little one
le poisson fish
le repas meal
le service service
le steward steward
la viande meat
le whisky whiskey

VERBS

attacher to attach
atterrir to land
boire to drink
contrôler to control
décoller to take off
descendre to descend
pouvoir to be able
préparer to prepare
remplir to fill out
servir to serve
vendre to sell
vouloir to want

ADJECTIVES

français(e) French
minéral(e) mineral
quel(le) what

USEFUL EXPRESSIONS

ainsi thus
assez de enough
avant before
bonsoir good evening
pourquoi why
un peu de a little of

GRAMMATICAL STRUCTURE EXERCISES

A. Complete each of the following sentences with the appropriate expression of quantity. Use a different one each time.

   un peu de   assez de   beaucoup de

   1. J'aime le vin. Je bois ....

   2. Il a deux cigares. Il a ....

   3. Nous avons une petite bouteille d'eau. Nous avons ....

Name.. Section................................. Date ....

B. Complete the following chart:

INFINITIF	JE	TU	IL/ELLE/ON	NOUS	VOUS	ILS/ELLES
vouloir						
	attends					
		remplis				
			peut			
				descendons		
					buvez	
						servent

QUESTION-ANSWER EXERCISE

Answer each of the following questions in a complete sentence.

1. A quelle heure l'avion décolle-t-il?

   ....

2. Est-ce que l'hôtesse vend des cigares?

   ....

3. A-t-il assez de vin?

   ....

4. Est-ce que le steward sert les repas?

   ....

5. Buvez-vous du jus d'orange?

   ....

6. Quel repas veulent-ils?

   ....

7. Attache-t-elle sa ceinture?

   ....

8. Veux-tu du café ou du thé?

   ....

9. Remplis-tu ta carte, Marie?

   ....

10. Est-ce que la dame veut un peu de café pour le bébé?

   ....

DIALOGUE COMPLETION

Using your imagination and the vocabulary learned in this lesson, complete the missing lines of these dialogues.

Dans l'avion.

LE STEWARD: ....

LA DAME: Du poisson, merci.

LE STEWARD: ....

LE MONSIEUR: De la viande, s'il vous plaît.

LE STEWARD: ....

LE MONSIEUR: Nous voulons boire du vin.

Plus tard.

L'HÔTESSE: ....

M. MASURE: Non, merci, j'ai assez de café mais mon amie veut de l'eau.

L'HÔTESSE: ....

MLLE COLIN: Oui, j'aime beaucoup l'eau minérale.

L'avion descend.

MLLE COLIN: ....

M. MASURE: Oui, oui, l'avion descend. Nous atterrissons dans quelques minutes.

MLLE COLIN: ....

M. MASURE: Oui, mon ami attend l'arrivée de l'avion à l'aéroport.

PICTURE PERFECT

Answer the following questions with complete sentences according to the picture.

1. Est-ce que le steward vend des cigarettes à M. Maillard?

   ....

2. Mme St.-Yves demande-t-elle du jus d'orange pour son bébé?

   ....

3. Pourquoi M. Belon ne veut-il pas manger?

   ....

4. Quels repas sert-on?

   ....

5. Est-ce que Nadine boit du vin ou de l'eau?

   ....

6. Quel est le problème de Marc?

   ....

7. Quelle passagère veut du jus d'orange?

   ....

8. A quelle heure arrive-t-on à Paris?

   ....

SITUATIONAL EXERCISE

What would you say in the following situations?

1. Meals are being served on the plane and you don't eat meat. What would you tell the flight attendant?
2. Someone offers you a cigarette. Say that you don't like cigarettes.
3. The flight attendant asks if you want tea. Say no and explain that you prefer coffee with a lot of sugar.
4. Ask a flight attendant for orange juice.
5. Ask a flight attendant at what time your plane will arrive in Paris.
6. Ask another passenger if he/she has any cigarettes.
7. Politely tell the person next to you to fasten his/her safety belt.

AND NOW, IT'S YOUR TURN!

Act out the following situations with a partner:

1. Two people traveling together asking each other what they want to eat and drink, what time the plane lands, how to fill out landing cards, etc.
2. A flight attendant taking a drink order from someone who can't make up his/her mind.

DICTATION

....

....

....

....

....

CLASS ACTIVITY

Classroom is transformed into the interior of a plane. Some students play flight attendants; others, passengers of all ages. As passengers walk into the classroom (plane), they show their tickets to the attendants, who call out their seat numbers. Passengers sit down and introduce themselves to the person next to them. Flight attendant announces departure, and all attendants move through the "plane" asking passengers to fasten seat belts. After take-off, flight attendants take drink orders and then distribute drinks to passengers. Before landing, a flight attendant asks everyone to fill out a landing card.

Name.. Section...................... Date ....

LESSONS 1–5   # VOCABULARY REVIEW

A. Circle the word or phrase that does not belong in each group.

1. examen, colle, vin
2. crudité, chèque, argent
3. à droite, bien entendu, à gauche
4. petit, grand, calme
5. bonjour, bonsoir, beaucoup
6. pont, musée, rue
7. désirer, accepter, vouloir
8. franc, eau, café
9. vert, petit, rouge
10. salle de bains, douche, aéroport
11. calme, excellent, bon
12. avion, voiture, bureau
13. cachet, faim, soif
14. fièvre, carafe, température
15. clé, soupe, salade
16. pardon, donc, excusez-moi
17. peu grave, plus tôt, plus tard
18. addition, ami, chèque
19. atterrir, servir, décoller
20. monter, descendre, boire

B. Circle the appropriate word or phrase in order to complete each of the following sentences. Then read the sentence aloud.

1. Nous désirons une assiette de crudités et (un musée, un bifteck).
2. J'offre cinq francs pour (la fièvre, le pourboire).
3. A la rue de Rivoli vous tournez (à droite, à deux).
4. Le voyageur demande (le séjour, la clé) de la chambre.
5. Elle ne peut pas attacher (la cigarette, la ceinture).
6. Vous voulez un bifteck (suisse, saignant).
7. Mon fils souffre d' (une grippe, un poisson).
8. Les chambres sont très petites dans (l'hôtel, l'aéroport).
9. Il a très soif; il veut (boire, laisser) quelque chose.
10. Le porteur (donne, mérite) un bon pourboire.
11. Notre-Dame n'est pas très (loin, souvent).
12. Vous téléphonez (puis, vers) 17 heures.
13. Nous (traversons, tournons) le Pont Neuf.
14. Ils (passent, servent) un examen.
15. Je (peux, veux) de la viande.

16. (Merci, Par ici), Madame, je veux du café.
17. On cherche un hôtel (compris, calme).
18. L'avion (remplit, atterrit) à l'aéroport.
19. Vous allez dans la (bonne, petite) direction.
20. Vous (entrez, buvez) du whisky.
21. (Le déjeuner, le bifteck) est saignant.
22. Nous (entrons, apportons) dans un restaurant.
23. Mon lit est (fatigué, grand).
24. La réceptionniste est (autre, jolie).
25. Le steward (boit, vend) des cigarettes.
26. Vous (étudiez, diminuez) votre carte.
27. (Tu es, Tu as) soif.
28. Je (peux, ai) boire du vin.
29. Les hôtesses (servent, remplissent) le repas.
30. Les passagers attachent leur (ceinture, porte).

C. Match the items in column A with those in column B. Then read the sentences aloud.

A	B
1. Tu veux boire	____ un bifteck.
2. Ma mère retéléphone	____ du sucre.
3. La réceptionniste	____ au porteur.
4. Le passager remplit	____ un restaurant.
5. Nous voulons une chambre avec	____ 39° de température.
6. Elle veut	____ simple.
7. L'avion descend; nous	____ bien.
8. A la rue de la Monnaie, vous tournez	____ des renseignements.
9. Je vais	____ un grand lit.
10. Est-ce que vous acceptez	____ la bonne direction.
11. L'hôtel est	____ de l'eau.
12. Elle veut du café avec	____ argent.
13. Nous sommes très	____ les cartes de crédit
14. L'ordonnance est	____ au médecin.
15. Elle demande	____ fatigués.
16. Vous allez dans	____ à gauche.
17. On déjeune dans	____ calme.
18. Mon fils a la fièvre; il a	____ atterrissons.
19. Il n'a pas assez de (d')	____ une carte de débarquement.
20. Le monsieur donne un pourboire	____ jeune.

Name.. Section...................................... Date ....

D. Write the following words in French in the blanks provided. What expression is formed vertically?

1. juice
2. coffee
3. time
4. lady
5. to sell
6. to accept
7. enough
8. to fill out
9. to go
10. thank you
11. near
12. steak
13. other
14. tired
15. big
16. key
17. to cross
18. wine
19. on

43

E. *Mots Croisés.* (Lessons 1-4). Use the English meanings to complete the crossword puzzle in French.

HORIZONTAL

1. to give
2. good evening
3. to cough
4. embankment
5. time
6. as
7. here is
8. flight attendant
9. square
10. to want
11. now
12. dessert
13. sick
14. to study
15. fish
16. to sell
17. to visit
18. street
19. French
20. to stroll along
21. to catch
22. meat
23. day
24. why
25. very
26. tablet
27. to want
28. arrival
29. flu
30. tip
31. doctor
32. in front of
33. student
34. to control
35. aspirin

VERTICAL

1. therefore
2. to recommend
3. a lot
4. directions
5. to find
6. to suffer
7. good
8. sixteen
9. green
10. holy
11. thus
12. to cross
13. Miss
14. to phone again
15. her
16. and
17. fever
18. my
19. customs officer
20. no
21. to ask for
22. to serve
23. waiter
24. belt
25. therefore
26. passenger
27. temperature
28. to accept
29. calm
30. airplane
31. then
32. to drink
33. hour

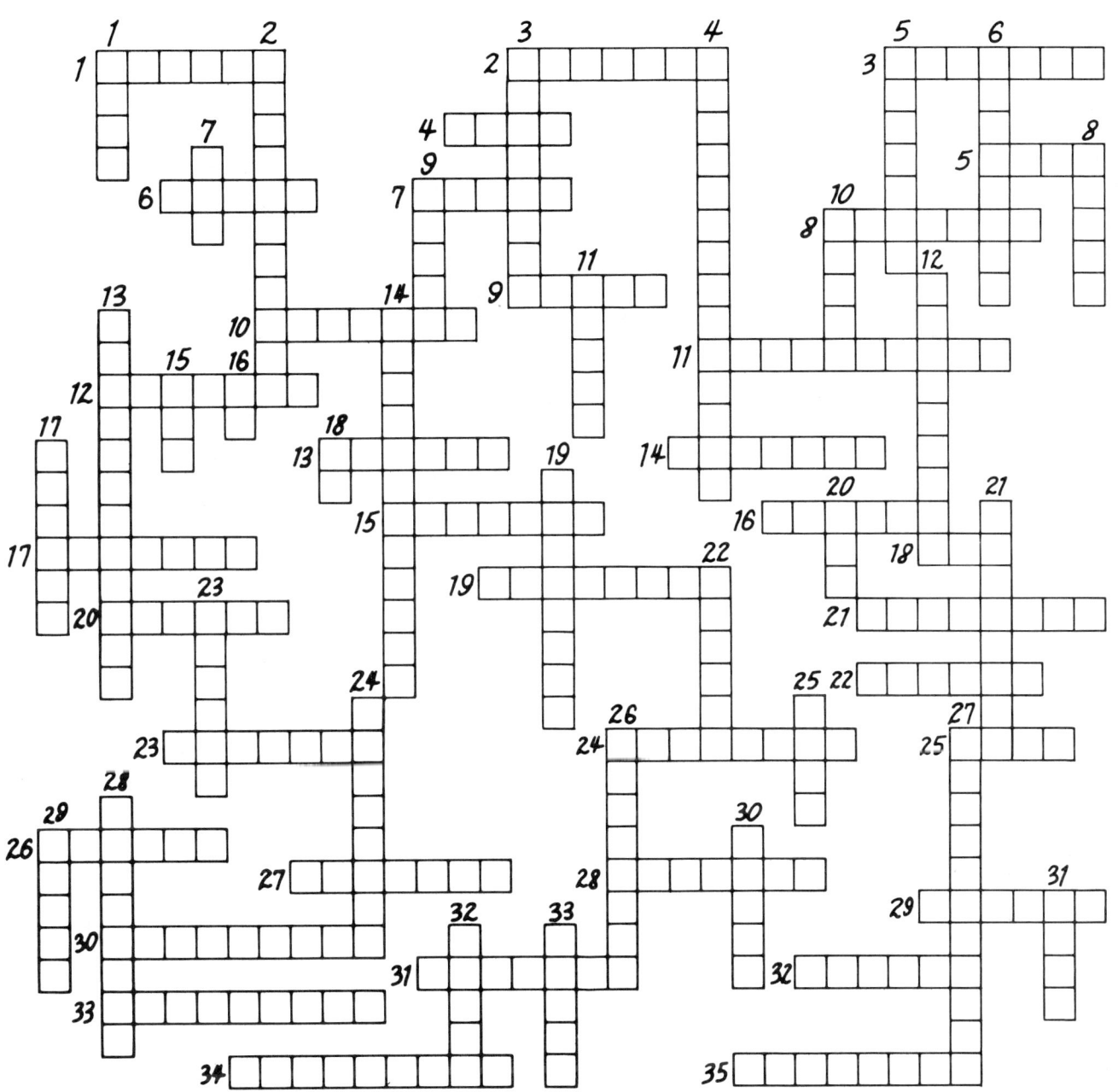

6

Faire le marché

Charlotte fait le marché pour le dîner. Elle n'aime pas le supermarché donc elle va chez les commerçants du quartier.

Chez le boucher.

CHARLOTTE: Bonjour, Monsieur. Avez-vous du veau?
LE BOUCHER: J'ai le meilleur veau du monde.
CHARLOTTE: Bon, je prends cinq cents grammes de veau et cent grammes de terrine de canard.

Chez le fromager.

CHARLOTTE: Bonjour, Madame. Je vais inviter des amis...
LA DAME: Et vous voulez un petit plateau de fromages spéciaux, n'est-ce pas?
CHARLOTTE: Oui. D'abord, un petit morceau de Roquefort.
LA DAME: Je recommande aussi le Brie.
CHARLOTTE: D'accord, mais un plus grand morceau que le Roquefort.
LA DAME: Voulez-vous choisir un autre fromage?
CHARLOTTE: Le chèvre le plus frais de votre étalage.
LA DAME: Un bon choix, Mademoiselle. Votre plateau va être très beau.

Chez l'épicier.

L'ÉPICIER: Bonjour, Mademoiselle. Il fait froid aujourd'hui, n'est-ce pas?
CHARLOTTE: Très froid. Avez-vous des champignons?
L'ÉPICIER: Oui, les plus beaux de la saison.
CHARLOTTE: Deux cents grammes, s'il vous plaît. Et une salade.
L'ÉPICIER: Et quelques fruits?
CHARLOTTE: Six clémentines et du bon vin — mais le moins cher possible.

Chez le boulanger.

CHARLOTTE: Une baguette, s'il vous plaît.
LA DAME: Et avec ceci?
CHARLOTTE: Deux éclairs au chocolat et deux flans. C'est tout.
LA DAME: Je vais mettre le paquet dans votre sac à provisions.
CHARLOTTE: Merci, Madame.

* * *

Going to the Market

Charlotte is doing the marketing for dinner. She doesn't like the supermarket, so she goes to the neighborhood merchants.

At the butcher's.

CHARLOTTE: Good afternoon, sir. Do you have any veal?
THE BUTCHER: The best (= I have the best veal) in the world.
CHARLOTTE: Good, I'll take 500 grams of veal and 100 grams of duck terrine.

At the cheese merchant's.

CHARLOTTE: Good afternoon, Madam. I'm going to invite some friends...
THE LADY: And you want a little tray of special cheeses, don't you?
CHARLOTTE: Yes. First, a little piece of Roquefort.
THE LADY: I recommend the Brie also.
CHARLOTTE: All right, but a bigger piece than the Roquefort.
THE LADY: Do you want to choose another cheese?
CHARLOTTE: The freshest goat cheese in your display.
THE LADY: A good choice, Miss. Your tray is going to be very handsome.

At the grocer's.

THE GROCER: Good afternoon, Miss. It's cold today, isn't it?
CHARLOTTE: Very cold. Do you have any mushrooms?
THE GROCER: Yes, the best (= best-looking ones) of the season.
CHARLOTTE: 200 grams, please. And a head of lettuce.
THE GROCER: And some fruit?
CHARLOTTE: Six tangerines and some good wine — but the least expensive possible.

At the baker's.

CHARLOTTE: A loaf of bread, please.
THE LADY: Anything else? (= And with this?)
CHARLOTTE: Two chocolate eclairs and two custard tarts. That's all.
THE LADY: I'll put (= I'm going to put) the package in your shopping bag.
CHARLOTTE: Thank you, Madam.

VOCABULARY

NOUNS

la baguette loaf of bread
le (la) boucher(ère) butcher
le (la) boulanger(ère) baker
le champignon mushroom
le chèvre goat cheese (**la chèvre** goat)
le choix choice
la clémentine tangerine
le commerçant merchant
le dîner dinner
l'éclair (*m.*) eclair
l'épicier(ère) (*m. & f.*) grocer
l'étalage (*m.*) display
le flan custard tart
le fromage cheese
le (la) fromager(ère) cheese merchant
le fruit fruit
le gramme gram
le marché market

le monde world
le morceau piece
le paquet package
le plateau tray
le quartier neighborhood
le sac (à provisions) (*shopping*) bag
la saison season
la salade lettuce
le supermarché supermarket
la terrine (de canard) (*duck*) terrine
le veau veal

VERBS

choisir to choose
faire to make, to do
inviter to invite
mettre to put
prendre to take

Name.. Section..................................... Date ....

ADJECTIVES

beau (bel, belle) handsome, beautiful
cher(ère) expensive
frais(aîche) fresh
possible possible

USEFUL EXPRESSIONS

aujord'huî today
c'est tout that's all
d'abord first
et avec ceci? and with this?
faire froid to be cold

GRAMMATICAL STRUCTURE EXERCISES

A. **You are needed as an interpreter. Write the French translation for each of the following questions and answers.**

1. Are you going to do the shopping?

   ....

   Yes, do you want some cigarettes?

   ....

2. Is it going to be cold today?

   ....

   No, it's going to be nice.

   ....

3. Is she going to choose another cheese?

   ....

   No, she's going to put the package in her shopping bag.

   ....

4. How many grams of veal do you want?

   ....

   I'll take 250 grams of veal, please.

   ....

5. Are you making the dessert for dinner?

   ....

   Yes, I'm making a custard tart.

   ....

B. Compare these people to each other using appropriate adjectives; make any necessary changes.

Model: Jean est .... François.
          *Jean est **plus grand que** François.*

1. Marie-Louise est .... Christine.

2. François est .... Jean.

3. Christine est .... Jean.

4. Jean est .... le groupe.

5. François est .... le groupe.

6. Michèle est .... Marie-Louise.

7. Christine est .... Marie-Louise.

8. Michèle est .... le groupe.

QUESTION-ANSWER EXERCISE

Answer each of the following questions in a complete sentence.

1. Aimez-vous le fromage?

   ....

2. Quel dessert choisis-tu?

   ....

Name.. Section........................ Date ....

3. Fait-elle un bon choix?

   ....

4. Mettez-vous le fromage sur un plateau?

   ....

5. Combien de salades veut-il?

   ....

6. Quel temps fait-il aujourd'hui?

   ....

7. Va-t-il recommander les plus petits champignons?

   ....

8. Quelle viande est meilleure que le bifteck?

   ....

9. Allons-nous faire le marché chez les commerçants du quartier?

   ....

10. Prend-il du Roquefort ou du Brie?

    ....

11. Quel fromage est le plus cher de l'étalage?

    ....

12. Est-ce que le vin est moins cher que la viande?

    ....

13. Vont-elles inviter des amis?

    ....

14. Fait-il froid dans le supermarché?

    ....

15. Vas-tu choisir un dessert ou un fruit?

    ....

DIALOGUE COMPLETION

Using your imagination and the vocabulary learned in this lesson, complete the missing lines of these dialogues.

Chez le boulanger.

DELPHINE: ....

LE BOULANGER: Nous n'avons pas de flan, Mademoiselle.

DELPHINE: ....

LE BOULANGER: La baguette coûte 2 francs 40.

Chez le boucher.

LE BOUCHER: ....

DELPHINE: Deux cents grammes de bifteck.

LE BOUCHER: ....

DELPHINE: C'est tout.

Chez le fromager.

LA DAME: ....

DELPHINE: Un morceau de Brie.

LA DAME: ....

DELPHINE: Oui, mais plus grand que le Brie.

Chez l'épicier.

DELPHINE: ....

L'ÉPICIER: Très beau, Mademoiselle. Vous désirez?

DELPHINE: ....

L'ÉPICIER: Mes salades sont les meilleures du quartier.

PICTURE PERFECT

Answer each of the following questions about the pictures on p. 53.

1. Quel fromage est le moins cher?

   ....

2. Quel temps fait-il?

   ....

3. Est-ce que la dame va faire le marché?

   ....

4. Paul met-il le paquet sur la table?

   ....

5. Combien de clémentines l'enfant prend-il?

   ....

6. Est-ce que l'éclair est plus grand que la baguette?

   ....

7. Combien de grammes de terrine de canard la dame veut-elle?

   ....

8. Quel dessert l'enfant choisit-il?

   ....

SITUATIONAL EXERCISE

What would you do in the following situations?

1. You're in the cheese shop. Make a selection of cheeses.
2. You're in the bakery. Order bread, dessert, and pay at the cash register.
3. Explain to the grocer that you're inviting some friends for dinner and that you want a good, but inexpensive, wine.
4. You can't decide whether to buy steak or veal. Ask the butcher what he recommends.

AND NOW, IT'S YOUR TURN!

Act out the following situations with a partner:

1. Making purchases at the grocer's.
2. Selecting cheeses.
3. Discussing the weather.
4. Two friends discussing what they're going to do today.

DICTATION

....

....

....

....

....

Name.. Section...................................... Date ....

CLASS ACTIVITY

Class is divided into a bakery, butcher shop, little grocery store, and cheese shop. As much food (real or art-work) as possible is displayed in each shop. Some students play shopkeepers; others are clients. Clients must make purchases in each shop and pay for purchases at the cash register before leaving the shop. Shopkeepers must fill orders, discuss food, and give the bill to the cashier, who totals it, gives the price, and makes change.

7

A la douane

Beaucoup de passagers viennent de débarquer à l'aéroport de Roissy-Charles de Gaulle. Ils font la queue devant les guichets de la douane.

EUGÈNE: (*à ses voisins*) Ne poussez pas! Ayez un peu de patience!
SOLANGE: Sois gentil, Eugène! Regarde: tout le monde est fatigué.
EUGÈNE: Tu as raison, mais ils sont très impolis quand même.
SOLANGE: Ils sont nerveux parce qu'ils attendent pour passer la douane.
EUGÈNE: Moi aussi, j'ai peur. Et sans raison.
SOLANGE: Ne sois pas ridicule. Peux-tu tenir ma valise? J'ai besoin d'aller aux toilettes.
EUGÈNE: Oui, mais reviens vite. Et apporte un chariot, s'il te plaît.

Devant le guichet.

LE DOUANIER: Avancez, s'il vous plaît! Passeport?
EUGÈNE: Voilà, Monsieur.
LE DOUANIER: Mais il y a deux passeports!
EUGÈNE: Le premier est le mien; l'autre est à ma fiancée.
LE DOUANIER: Ouvrez vos bagages. La valise noire est la vôtre ou la sienne?
EUGÈNE: La mienne, Monsieur.
LE DOUANIER: Avez-vous quelque chose à déclarer?
EUGÈNE: Du whisky et la cartouche de cigarettes américaines sur ma fiche de déclaration.
LE DOUANIER: Le porte-habit appartient-il à votre fiancée?
EUGÈNE: Oui, Monsieur.
LE DOUANIER: Venez-vous d'acheter l'appareil-photo? Il a l'air neuf.
EUGÈNE: Non, Monsieur, il est usagé. Ma fiancée ne prend pas beaucoup de photos.
LE DOUANIER: Bon, fermez vos valises! (Il tamponne les passeports.)
EUGÈNE: Merci, Monsieur.
LE DOUANIER: N'oubliez pas de payer les droits de douane pour le whisky au guichet 14.

Ils prennent leurs bagages.

EUGÈNE: Ouf! Sortons vite! La douane me donne la chair de poule.
SOLANGE: Oui, mais on économise beaucoup d'argent au magasin hors-taxes.

* * *

At the Customs Office

A lot of passengers have just disembarked at Roissy-Charles de Gaulle Airport. They are waiting in line in front of the customs counters and windows.

EUGÈNE: (*to the people beside him*) Don't push! Have a little patience!
SOLANGE: Be nice, Eugene! Look: everybody is tired.

EUGÈNE: You're right, but they're impolite just the same.
SOLANGE: They're nervous because they're waiting to pass customs.
EUGÈNE: I'm afraid too. And without any reason.
SOLANGE: Don't be silly. Can you hold my suitcase? I need to go to the bathroom.
EUGÈNE: Yes, but come back quickly. And bring a cart, please.

In front of the counter and window.

INSPECTOR: Step forward, please. Passport?
EUGÈNE: Here, sir.
INSPECTOR: But there are two passports!
EUGÈNE: The first is mine; the other one is my fiancée's.
INSPECTOR: Open your luggage. Is the black suitcase yours or hers?
EUGÈNE: Mine, sir.
INSPECTOR: Do you have anything to declare?
EUGÈNE: Some whiskey and the carton of American cigarettes on my declaration form.
INSPECTOR: Does the folding suitcase belong to your fiancée?
EUGÈNE: Yes, sir.
INSPECTOR: Did you just buy the camera? It seems new.
EUGÈNE: No, sir, it's used. My fiancée doesn't take a lot of pictures.
INSPECTOR: Good, close your suitcase! (*He stamps the passport.*)
EUGÈNE: Thank you, sir.
INSPECTOR: Don't forget to pay the customs fee for the whiskey at Window 14.

They take their luggage.

EUGÈNE: Phew! Let's leave quickly! Customs give me goose flesh.
SOLANGE: Yes, but you save (= one saves) a lot of money at the tax-free shop.

VOCABULARY

NOUNS

l'appareil-photo (*m.*) camera
le bagage luggage
la cartouche carton
la chair flesh
le chariot cart
la douane customs
le droit fee
le (la) fiancé(e) (*m. & f.*) fiancé(e)
la fiche (de déclaration) (*declaration*) form
le guichet (*customs*) counter, window
le magasin store
le passeport passport
la patience patience
la photo photograph
le porte-habit folding suitcase
la queue line
les toilettes (*f. pl.*) toilet

VERBS

acheter to buy
appartenir to belong
attendre to wait for
avancer to advance, to move forward
débarquer to disembark
déclarer to declare
économiser to save (*money*)
fermer to close

oublier to forget
ouvrir to open
passer to pass
payer to pay
pousser to push
regarder to look at
revenir to return
sortir to leave
tamponner to stamp
tenir to hold
venir to come

ADJECTIVES

américain(e) American
gentil(le) nice
impoli(e) impolite
nerveux(se) nervous
neuf(ve) new
noir(e) black
poli(e) polite
ridicule silly
usagé(e) used

USEFUL EXPRESSIONS

aller aux toilettes to go to the bathroom
avoir l'air to seem
avoir peur to be afraid

Name.. Section...................................... Date ....

avoir raison to be right
la chair de poule goose flesh
hors-taxes duty-free
il y a there is, are
ouf! phew!
parce que because

quand même just the same
sans raison without any reason
tout le monde everybody
vite quickly
voilà there is, are

GRAMMATICAL STRUCTURE EXERCISE

Supply the missing words in each the following conversations.

1. Venez-vous d'arriver à l'aéroport?

   Oui, nous .... à l'aéroport.

2. C'est votre valise, Monsieur?

   Non, voilà ma valise; l'autre n'est pas ....

3. Est-ce qu'il y a une cartouche de cigarettes dans votre valise, Mademoiselle?

   Oui, Monsieur, ... des cigarettes américaines dans ma valise.

4. Où est votre fiancé, Mademoiselle?

   .... mon fiancé, Madame. Il arrive.

5. Je n'aime pas les gens impatients; ils sont très impolis.

   .... gentil, Pierre. Ils sont fatigués.

6. Je vais chercher un chariot pour nos bagages.

   .... vite, mon chéri; les valises sont lourdes.

7. Viens-tu de Paris ou de Rome?

   .... de Rome.

8. Est-ce que c'est mon appareil-photo ou le tien?

   C'est ....; voici le mien.

9. Y a-t-il du whisky dans votre valise, Madame?

   Non, Monsieur, ... de whisky dans ma valise.

10. Est-ce que je peux sortir maintenant, Monsieur le douanier?

    Oui, Mademoiselle, et .... de payer les droits de douane au guichet 11.

QUESTION-ANSWER EXERCISE

Answer each of the following questions in a complete sentence.

1. Avez-vous peur de passer la douane? ....
2. Venez-vous d'acheter un nouvel appareil-photo? ....
   ....
3. Est-ce que le porte-habit est le vôtre? ....
4. A quel aéroport les passagers viennent-ils de débarquer? ....
   ....
5. Y a-t-il quelque chose à déclarer dans vos valises, Mademoiselle? ....
   ....
6. Aimez-vous faire la queue dans les magasins? ....
   ....
7. Est-ce que le porte-habit rouge est le mien ou le vôtre, Madame? ....
   ....
8. Pourquoi Eugène a-t-il la chair de poule? ....
   ....
9. Venons-nous d'économiser de l'argent au magasin hors-taxes? ....
   ....
10. Est-ce que c'est votre fiche de déclaration ou la sienne, Madame? ....
    ....

DIALOGUE COMPLETION

Using your imagination and the vocabulary learned in this lesson, complete the missing lines of these dialogues.

A la douane.

MIREILLE: ....

STÉPHANE: Sois gentille, Mireille! Regarde: ils ont tous peur de passer la douane.

MIREILLE: ....

STÉPHANE: Aie un peu de patience! Il y a même des gens avec des enfants; ils sont fatigués.

MIREILLE: ....

60

Name.. Section.................................... Date ....

STÉPHANE: Tu n'es pas plus fatiguée que nos voisins, mon amie. Patience!

MIREILLE: ....

STÉPHANE: Voilà une bonne idée! Je vais chercher un chariot immédiatement.

Plus tard.

STÉPHANE: ....

MIREILLE: Tu as raison: c'est plus facile avec le chariot.

STÉPHANE: ....

MIREILLE: Oui, la mienne est beaucoup plus lourde que la tienne.

Devant le guichet.

LE DOUANIER: ....

MIREILLE: Oui, Monsieur. Voici mon passeport.

LE DOUANIER: ....

MIREILLE: C'est la mienne. La petite est la valise de mon ami.

LE DOUANIER: ....

STÉPHANE: Oui, Monsieur, du whisky et je viens d'acheter un appareil-photo au magasin hors-taxes à New York.

LE DOUANIER: ....

STÉPHANE: Merci, Monsieur. Je vais payer les droits de douane pour l'appareil au guichet 3.

PICTURE PERFECT

Complete each of the following sentences according to the pictures on page 62.

1. Les gens viennent ....

2. Rémi vient de ....

3. .... cinq personnes devant le guichet.

4. .... ma valise.

5. Le porte-habit est ....

6. Le premier est .... ; l'autre est à ....

7. Ne .... pas!

8. .... , s'il vous plaît, Mademoiselle.

Name.. Section...................... Date ....

9. Elles viennent .... la douane.

10. Raoul vient .... 300 francs.

SITUATIONAL EXERCISE

What would you say in the following situations?

1. Your friend is going to look for a baggage cart, and it's almost your turn with the inspector.
2. The inspector asks where you're coming from.
3. Explain why you have two passports (one belongs to your friend).
4. The inspector asks which suitcase belongs to you. Tell him (her) that the red one is yours and the black one is your brother's.
5. Tell the people behind you to stop pushing. Then tell them they won't reach the counter any sooner if they keep pushing.
6. Tell your friend who is angry to be polite. Point out that the people in line are all tired.

AND NOW, IT'S YOUR TURN!

Act out the following situations with a partner.

1. You're trying to get through customs but the inspector won't stamp your passport until you explain why you don't have a sales slip for your camera, which looks brand-new.
2. You are waiting in line and your friend becomes very excited, because people are pushing and shoving. Try to calm him (her) down.

DICTATION

....

....

....

....

....

CLASS ACTIVITY

Class is divided into groups composed of a customs officer and passengers of various ages with different things to declare and explain. One student plays the role of the collector of taxes on items that exceed the amount permitted into the country duty-free. Every third passenger in each group must pay this person the amount due.

8

Au bureau de poste

M. Vincent va au bureau de poste pour envoyer un paquet.

M. VINCENT:	Je veux envoyer mon colis à Marseilles.
L'EMPLOYÉE:	L'emballage a l'air mal fait.
M. VINCENT:	Je n'ai pas le temps de l'emballer correctement.
L'EMPLOYÉE:	Pourquoi ne l'attachez-vous pas plus solidement avec un morceau de ficelle?

Quelques minutes plus tard.

L'EMPLOYÉE:	Voilà. Maintenant votre paquet ne va pas subir de dommages.
M. VINCENT:	Merci, Madame, Connaissez-vous le numéro du code postal de Marseilles?
L'EMPLOYÉE:	Oui, Monsieur, 13000. Quel régime de transport désirez-vous?
M. VINCENT:	Le plus rapide. Par avion. Combien l'affranchissement va-t-il coûter?
L'EMPLOYÉE:	72 francs pour les timbres. Voulez-vous l'envoyer en recommandé?
M. VINCENT:	Oui. Cela garantit contre la casse ou la perte, n'est-ce pas?
L'EMPLOYÉE:	Oui. Quelle est la valeur du colis?
M. VINCENT:	Précisément 450 francs. Où sont les formulaires, s'il vous plaît?
L'EMPLOYÉE:	Les voilà. Remplissez-les soigneusement. Je vais calculer le tarif.

Une minute plus tard.

L'EMPLOYÉE:	72 francs pour les timbres et 31 francs pour le recommander.
M. VINCENT:	Je ne sais pas si j'ai assez d'argent.
L'EMPLOYÉE:	Vous pouvez indiquer payable à l'arrivée sur l'étiquette au-dessus du nom des destinataires.
M. VINCENT:	Malheureusement, je ne les connais pas assez bien pour le faire.

* * *

At the Post Office

Mr. Vincent goes to the post office to mail (= to send) a package.

MR. VINCENT:	I want to send my package to Marseilles.
THE EMPLOYEE:	The packaging seems poorly done.
MR. VINCENT:	I don't have the time to pack it correctly.
THE EMPLOYEE:	Why don't you tie (= attach) it more solidly with a piece of string?

A few minutes later.

THE EMPLOYEE:	There. Now your package won't be damaged (= undergo any damage).
MR. VINCENT:	Thank you, Madam. Do you know the postal code for Marseilles?

THE EMPLOYEE:	Yes, sir, 13000. How do you want to send it? (= What mode of transportation do you want?)
MR. VINCENT:	The fastest (way possible). Airmail. How much is the postage going to cost?
THE EMPLOYEE:	72 francs for the stamps. Do you want to insure it (= send it insured)?
MR. VINCENT:	Yes. That guarantees against breakage or loss, doesn't it?
THE EMPLOYEE:	Yes. What is the package's value?
MR. VINCENT:	Precisely 450 francs. Where are the forms, please?
THE EMPLOYEE:	Here they are. Fill them out carefully. I'm going to calculate the rate.

A minute later.

THE EMPLOYEE:	72 francs for the stamps and 31 francs to insure it.
MR. VINCENT:	I don't know if I have enough money.
THE EMPLOYEE:	You can write (= indicate) C.O.D. on the label above the addressees' name.
MR. VINCENT:	Unfortunately, I don't know them well enough to do that (= it).

VOCABULARY

NOUNS

l'affranchissement (*m.*) postage
le bureau (de poste) (post) office
la casse breakage
le code code
le colis (*postal*) package
le (la) destinataire addressee
le dommage damage
l'emballage (*m.*) packaging
l'employé(e) (*m. & f.*) employee
l'étiquette (*f.*) label
la ficelle string
le formulaire form
le nom name
le numéro number
la perte loss
le régime mode
le tarif rate
le temps time
le timbre stamp
le transport transportation
la valeur value

VERBS

calculer to calculate
connaître to know

emballer to package
envoyer to send
garantir to guarantee
indiquer to indicate
recommander to insure (*mail*)
savoir to know
subir to undergo

ADJECTIVES

postal(e) postal
rapide fast

USEFUL EXPRESSIONS

au-dessus de above
contre against
combien how much
correctement correctly
mal fait poorly done
malheureusement unfortunately
par avion airmail
payable à l'arrivée C.O.D.
pour in order to
précisément precisely
soigneusement carefully
solidement solidly

GRAMMATICAL STRUCTURE EXERCISES

A. Rewrite each sentence, replacing the italicized word or words with a direct object pronoun.

1. Elle veut *le formulaire pour un envoi recommandé*.

   ....

2. L'affranchissement ne garantit pas *l'emballage*.

   ....

3. Vous indiquez *la destination* sur l'étiquette.

   ....

4. Je remplis immédiatement *les formulaires*.

   ....

5. Pouvez-vous attacher *votre colis* avec de la ficelle?

   ....

B. Rewrite each sentence according to the new subjects or verbs.

1. Je le connais.

2. Il le ....

3. .... savez.

4. Nous le ....

5. .... sais.

C. Complete the new sentences by changing the italicized adjective in the first sentence into an adverb.

1. L'emballage est *mauvais*.

   L'emballage a l'air .... fait.

2. Remplissez le formulaire avec les *bonnes* réponses.

   Remplissez .... le formulaire.

3. Je calcule le tarif *précis*.

   Je calcule .... le tarif.

QUESTION-ANSWER EXERCISE

Answer each of the following questions in a complete sentence.

1. Quelle est la valeur du colis?

   ....

2. Pouvez-vous attacher votre colis plus solidement?

   ....

3. Quel régime de transport est le plus rapide?

   ....

4. Combien coûte l'affranchissement?

   ....

5. Pourquoi votre paquet va-t-il subir des dommages?

   ....

6. Comment garantit-on contre la casse ou la perte?

   ....

7. Savez-vous remplir un formulaire postal?

   ....

8. Quel est le numéro du code postal de Marseilles?

   ....

9. Quel régime de transport coûte le plus cher?

   ....

10. Où indique-t-on le nom du destinataire?

    ....

11. Est-ce que les timbres coûtent cher?

    ....

12. Quel est votre numéro de code postal?

    ....

DIALOGUE COMPLETION

Using your imagination and the vocabulary learned in this lesson, complete the missing lines of this dialogue.

Au bureau de poste.

M. DELON: ....

L'EMPLOYÉE: On vend les timbres au guichet 18.

Au guichet 18.

L'EMPLOYÉE: ....

M. DELON: Je désire 5 timbres à 4 francs et 3 timbres à 10 francs.

L'EMPLOYÉE: ....

M. DELON: Merci, Madame. J'ai aussi un paquet à envoyer à Lyon.

| Name.. | Section............................ | Date .... |

L'EMPLOYÉE: ....

M. DELON: Guichet 4? Ah, oui. Merci, Madame.

Au guichet 4.

M. DELON: ....

L'EMPLOYÉE: Le régime le plus rapide? Par avion.

M. DELON: ....

L'EMPLOYÉE: Oui, Monsieur, ce moyen de transport coûte cher.

M. DELON: ....

L'EMPLOYÉE: Voyons, pour un kilo... 90 francs.

M. DELON: ....

L'EMPLOYÉE: Oui, vous pouvez l'envoyer en recommandé.

M. DELON: ....

L'EMPLOYÉE: Environs 35 francs... Oui, précisément 35 francs.

M. DELON: ....

L'EMPLOYÉE: Pour l'envoyer par avion en recommandé, 125 francs. On peut l'envoyer immédiatement.

M. DELON: ....

L'EMPLOYÉE: Oui, Monsieur, ils vont l'avoir demain.

PICTURE PERFECT

Answer the following questions about the pictures on page 70.

1. Quel est le numéro du guichet pour les timbres?...

   ....

2. Combien coûtent les timbres?...

   ....

3. Combien de timbres demande Colette?...

   ....

4. Quelle est la destination du colis?..

   ....

5. Quel est le tarif?..
   ....

6. A quel guichet remplit-on le formulaire d'un envoi recommandé?......................................
   ....

7. Est-ce que Mme Pierre sait remplir son formulaire? ....
   ....

8. Comment s'appelle l'homme avec un paquet très mal emballé?..
   ....

9. Combien de timbres est-ce que Roger colle sur l'enveloppe?..
   ....

10. Quelle est la valeur de ses trois timbres? ....

SITUATIONAL EXERCISE

What would you say in the following situations?

1. You want to buy 12 stamps, 6 one-franc stamps and 6 five-franc stamps.
2. You are a postal employee and someone bypasses the line to buy some stamps. You must tell him (her) to go to Window Number 11.
3. You must tell the postal clerk that you can't send your package by air because it costs too much.
4. You must tell someone to wrap a package more securely.
5. You need to know if postal insurance protects against breakage.
6. You need to explain to someone how to send a package C.O.D.
7. You want to say that your package is worth exactly 325 francs.
8. You must ask someone for string to wrap a package properly.
9. The postal clerk suggests that you send your package C.O.D. You try to explain that you don't know the recipient well enough to do that.
10. The clerk asks where you want to send your packages. You must tell him (her) that one is for Paris, one is for Marseilles, and that the other two are for your friend in New York.

AND NOW, IT'S YOUR TURN!

Act out the following situations with a partner:

1. A postal clerk refusing to accept a package until it is wrapped properly.
2. Someone trying to move ahead of the next person in line in order to buy postal insurance.

DICTATION

....
....
....
....
....

CLASS ACTIVITY

Class is divided into two groups consisting of postal clerks and people buying stamps, seeking help in filling out forms, mailing packages, picking up packages, etc. The postal clerks ask each other for help when they don't understand what someone wants and send customers from one window to another. The people try to move ahead in the lines and ask each other to what window to go to buy whatever they need.

9

Quelle mauvaise journée!

Jeanne et sa fille Marguerite viennent de quitter leur appartement. Jeanne va faire des courses au marché de son quartier. Marguerite va assister à son cours de sociologie.

UN MARCHAND:	Hé! Attention! On vous vole votre portefeuille!
JEANNE:	Mon portefeuille! Au secours! Au voleur!
L'AGENT DE POLICE:	Ne criez pas, Madame! Du calme!
JEANNE:	Un clochard vient de me voler mon portefeuille.
L'AGENT DE POLICE:	Est-ce que vous pouvez le décrire?
JEANNE:	Oui, il est blond...
LE MARCHAND:	Non, non! Le voleur est un petit brun frisé: je le connais.
L'AGENT DE POLICE	Depuis combien de temps le connaissez-vous?
LE MARCHAND:	Il rôde dans le marché depuis un mois à peu près.
L'AGENT DE POLICE:	Est-ce qu'il importune les gens?
LE MARCHAND:	Pas vraiment. Il lit un journal et il demande quelques sous aux passants.
L'AGENT DE POLICE:	Bien. Ecrivez votre nom et votre adresse sur la feuille pour le procès-verbal. Vous aussi, Madame.

Quelques rues plus loin, Marguerite lit l'annonce d'un nouveau film. Un homme l'accoste.

LE DRAGUEUR:	Bonjour, mignonne. Habites-tu près d'ici?
MARGUERITE:	Comment? Est-ce que vous me dîtes quelque chose?
LE DRAGUEUR:	Viens, je t'offre un pot.
MARGUERITE:	Si vous ne me laissez pas tranquille, je vais appeler la police.
LE DRAGUEUR:	La police! Mais pourquoi est-ce que tu me traites comme un malfaiteur?
MARGUERITE:	Je vous le dis pour la dernière fois: je vais appeler la police!
LE DRAGUEUR:	Bon, bon. Je te laisse tranquille!

* * *

What a Bad Day!

Jeanne and her daughter Marguerite have just left their apartment. Jeanne is going to do some errands at the market in her neighborhood. Marguerite is going to attend her sociology class.

A MERCHANT:	Hey! Watch out! He's stealing your wallet!
JEANNE:	My wallet! Help! Stop! Thief!
THE POLICEMAN:	Don't shout, Madam! Calm down!
JEANNE:	A bum just stole my wallet.
THE POLICEMAN:	Can you describe him?
JEANNE:	Yes, he's blond...
THE MERCHANT:	No, no! The thief is small with dark curly hair: I know him.

THE POLICEMAN: How long have you known him?
THE MERCHANT: He's been roaming around the market for nearly a month.
THE POLICEMAN: Does he bother (= annoy) people?
THE MERCHANT: Not really. He reads a newspaper, and he asks the passers-by for a few pennies.
THE POLICEMAN: Very good. Write your name and your address on the paper for the official report. You, too, Madam.

A few streets farther away, Marguerite is reading the announcement of a new film. A man approaches her.

GIRL-CHASER: Hi, cutie. Do you live near here?
MARGUERITE: What? Are you saying something to me?
GIRL-CHASER: Come on, I'll buy you a drink.
MARGUERITE: If you don't leave me alone, I'm going to call the police.
GIRL-CHASER: The police! But why are you treating me like a troublemaker?
MARGUERITE: I'm telling you for the last time: I'm going to call the police!
GIRL-CHASER: Okay, okay. I'll leave you alone!

VOCABULARY

NOUNS

l'adresse (*f.*)　address
l'agent (de police) (*m.*)　policeman
l'annonce (*f.*)　announcement
l'appartement (*m.*)　apartment
le calme　calm
le cours　course
la course　errand
le dragueur　girl-chaser
la feuille　paper
la fille　daughter
le film　film
les gens (*m. pl.*)　people
le journal　newspaper
le malfaiteur　troublemaker
le marchand　merchant
le mois　month
le (la) passant(e)　passer-by
la police　police
le portefeuille　wallet
le procès-verbal　official report
la sociologie　sociology
le sou　penny
le voleur　thief

VERBS

accoster　to approach
appeler　to call
assister à　to attend
crier　to shout

décrire　to describe
dire　to say
écrire　to write
habiter　to live
importuner　to annoy
lire　to read
quitter　to leave
rôder　to roam
traiter　to treat
voler　to steal

ADJECTIVES

blond(e)　blond
brun(e)　brown
frisé(e)　curly
mignon(ne)　cute
nouveau (nouvel, nouvelle)　new
tranquille　quiet

USEFUL EXPRESSIONS

à peu près　almost
Attention!　Watch out!
Au secour!　Help!
Au voleur!　Stop! Thief!
depuis　for, since
depuis combien de temps?　how long?
Hé!　Hey!
offrir un pot à　to buy (*someone*) a drink
pas vraiment　not really

GRAMMATICAL STRUCTURE EXERCISES

A. Rewrite each of the following sentences replacing the italicized words with indirect object pronouns.

　　1. L'agent lit le procès-verbal *à un autre agent.* ....

　　2. Colette offre un pot *à son amie.* ....

Name.. Section....................... Date ....

   3. L'enfant dit son nom *aux agents*. ....

   4. Jacqueline ne parle pas *au clochard*. ....

   5. Nous téléphonons à *nos amis*. ....

   6. Vole-t-il le sac à *la dame*? ....

B. Rewrite each of the following sentences replacing the italicized words with one of the combinations of direct and indirect objects given below.

       vous le   nous la   les lui
       me le   les leur   la leur

   1. Je lis *les journaux à ma mère*. ....

   2. Un clochard vient de *me* voler *mon portefeuille*. ....

   3. Je ne peux pas *vous* dire *son nom*. ....

   4. Les enfants écrivent *une lettre à leurs parents*. ....

   5. L'agent *nous* donne *l'adresse*. ....

   6. Vous ne décrivez pas bien *les clochards aux agents*. ....

QUESTION–ANSWER EXERCISE

Answer each of the following questions in a complete sentence.

   1. Depuis combien de temps connais-tu Marcel? ....

....

   2. Lisez-vous un ou deux journaux? ....

   3. Depuis quand fais-tu le marché ici? ....

   4. Pourquoi lui lit-elle les annonces? ....

....

   5. Est-ce que votre cours de sociologie est le premier ou le deuxième du matin? .....

....

   6. Ecris-tu souvent à tes parents? ....

   7. Les gens vous traitent-ils comme un malfaiteur? ....

   8. Aimez-vous importuner vos amies? ....

   9. Peut-elle décrire le clochard? ....

10. Ecrivez-vous correctement votre adresse sur la feuille, Mademoiselle? ....

11. Où fais-tu tes courses? ....

12. Depuis combien de temps l'agent cherche-t-il le dragueur? ....

DIALOGUE COMPLETION

Using your imagination and the vocabulary learned in this lesson, complete the missing lines of these dialogues.

Un agent aide une femme après le vol de son argent.

L'AGENT: ....

MME MORIN: Un clochard vient de me voler mon portefeuille.

L'AGENT: ....

MME MORIN: Un grand blond frisé. Je le connais.

L'AGENT: ....

MME MORIN: Il rôde dans le marché depuis le mois d'avril.

L'AGENT: ....

MME MORIN: 11, rue des Pélerins; mon numéro de téléphone est le 548. 47. 59.

L'AGENT: ....

MME MORIN: Merci, Monsieur l'agent. Je n'ai pas peur maintenant.

Plus tard. Mme Morin parle de sa journée à son mari.

M. MORIN: Décris l'homme, Cécile.

MME MORIN: ....

M. MORIN: Et tu le connais?

MME MORIN: ....

M. MORIN: Donc, il te regarde depuis au moins trois semaines.

MME MORIN: ....

M. MORIN: Tu n'as pas peur maintenant. Je suis là.

MME MORIN: ....

M. MORIN: Bon. Parlons d'autres choses.

Name.. Section...................................... Date ....

PICTURE PERFECT

Write what you think the people are saying in each of the scenes illustrated below.

A. *Scène I*

BERNARD: ....

DIDIER: ....

Scène II

DIDIER: ....

M. DUPRÉ: ....

Scène III

L'AGENT DE POLICE: ....

DIDIER: ....

Scène IV

DIDIER: ....

AGNÈS: ....

LE VIEIL HOMME: ....

Scène V

L'AGENT DE POLICE: ....

DIDIER: ....

LE VIEIL HOMME: ....

AGNÈS: ....

M. DUPRÉ: ....

B. Scène I

L'HOMME: ....

LA JEUNE FEMME: ....

Scène II

L'HOMME: ....

LA JEUNE FEMME: ....

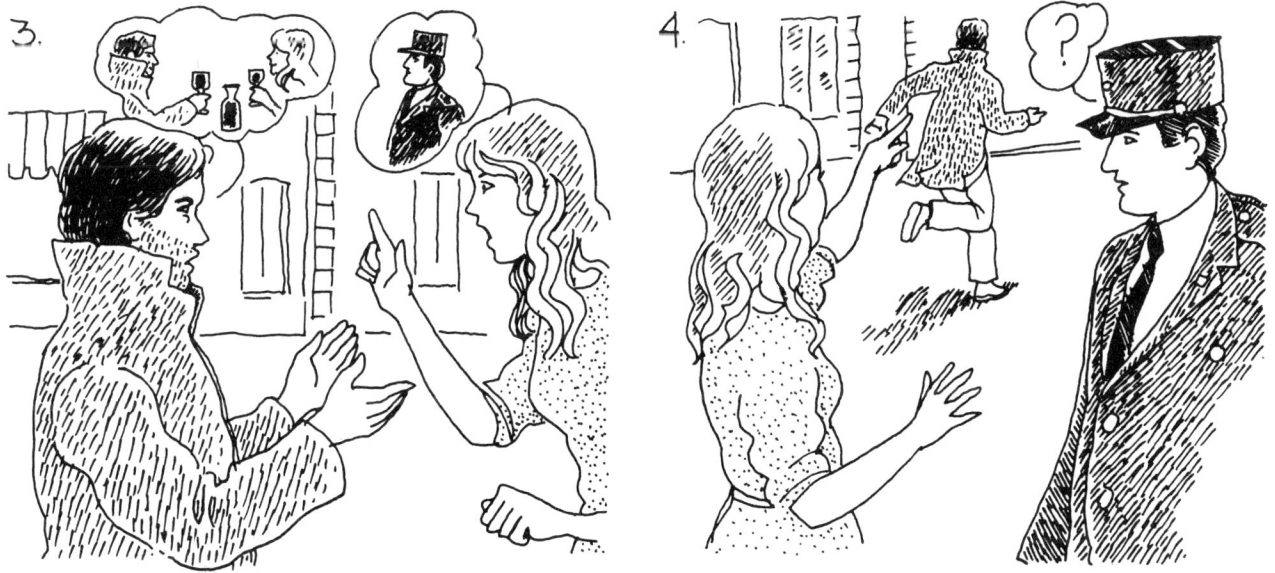

Scène III

L'HOMME: ....

LA JEUNE FEMME: ....

Scène IV

L'AGENT: ....

LA JEUNE FEMME: ....

SITUATIONAL EXERCISE

What would you say in the following situations?

1. You've been robbed. Scream for help.
2. Someone is bothering you. Tell them to leave you alone or you'll call the police.
3. Someone asks you for directions. You can't help them because you're not from that area.
4. You have to describe someone. All you can remember is the person's size, hair color, and whether the hair is straight or curly.
5. You have to explain to a policeman that the thief has been hanging around the market for approximately a month.
6. Someone asks what you do every morning. You say that you do your shopping at the market.
7. Tell a friend you don't want to talk about the bad day you've just had.
8. A man has been bothering you on your way to class for a week. Finally you decide to tell a policeman that this person has been trying to get you to have a drink with him since Monday.
9. Some shady characters ask you where you live. Tell them to leave you alone.

AND NOW, IT'S YOUR TURN!

Act out the following situations with a partner.

1. A thief trying to steal your wallet in the subway.
2. A boy trying to pick up a girl or vice versa.

DICTATION

....

....

....

....

....

CLASS ACTIVITY

A crowd of people standing around two policemen and the victim of a crime. Some of the people are trying to explain what happened, others to describe the criminal. The police are asking if anyone knows the victim or the criminal and are writing down statements and names, addresses, and phone numbers.

READING FOR CONTENT

HOROSCOPE

CAPRICORNE *(21 décembre au 19 janvier)* Ne dépensez pas trop d'argent.
VERSEAU *(20 janvier au 18 février)* Attention aux malfaiteurs.
POISSONS *(19 février au 20 mars)* La coopération est importante.
BÉLIER *(21 mars au 20 avril)* Une très bonne semaine.
TAUREAU *(21 avril au 20 mai)* Ne voyagez pas.
GÉMEAUX *(21 mai au 21 juin)* Vous allez gagner de l'argent.
CANCER *(22 juin au 22 juillet)* Ne signez pas de contrats.
LION *(23 juillet au 22 août)* Vos problèmes financiers vont disparaître.
VIERGE *(23 août au 22 septembre)* Ne travaillez pas trop.
BALANCE *(23 septembre au 22 octobre)* Achetez quelque chose.
SCORPION *(23 octobre au 21 novembre)* Dormez beaucoup.
SAGITTAIRE *(22 novembre au 20 décembre)* Faites attention à la famille.

C'EST JUSTE OU C'EST FAUX

Read each statement and write *J* or *F* according to the horoscope.

1. Le signe d'Hélène est Capricorne. Elle peut acheter beaucoup de choses. ____
2. Le signe de Gustave est Taureau. Il va rester à la maison. ____
3. Le signe de Philippe est Scorpion. Il peut être très actif. ____
4. Le signe de Suzanne est Sagittaire. Elle va penser à sa mère. ____
5. Le signe de Marc est Poissons. Il va dire des choses cruelles à tout le monde. ____
6. Le signe de Paul est Verseau. Il va bien protéger son portefeuille. ____
7. Le signe d'Odile est Cancer. Elle va signer beaucoup de papiers importants. ____
8. Le signe d'Yvette est Gémeaux. Elle va recevoir de l'argent. ____
9. Le signe d'Annie est Vierge. Elle va rester au lit. ____
10. Le signe de Pierre est Lion. Il va avoir des problèmes financiers. ____
11. Le signe d'Antoine est Balance. Il ne va pas dépenser son argent. ____
12. Le signe de Louis est Bélier. Il va passer des moments difficiles. ____

10

Ne roulez pas trop vite!

Daniel conduit sa voiture pou aller au bureau. Son premier client l'y attend déjà. Il accélère et il double d'autres véhicules. Soudain il entend le hurlement d'une sirène.

LE GENDARME: Vous conduisez bien vite, Monsieur.
DANIEL: Excusez-moi, Monsieur le gendarme. Je suis un peu en retard.
LE GENDARME: Donnez-moi votre permis de conduire, s'il vous plaît.
DANIEL: Le voici, Monsieur.
LE GENDARME: Bien. Vous avez une autre pièce d'identité, n'est-ce pas? Montrez-la-moi.
DANIEL: Voici ma carte d'identité. J'en cherche d'autres.
LE GENDARME: Cette carte suffit. Vous avez les papiers de la voiture?
DANIEL: Les voici. Il n'y a pas de problème, j'espère.
LE GENDARME: Non, vos papiers sont en règle.
DANIEL: Est-ce que vous allez me donner une contravention?
LE GENDARME: Oui, pour excès de vitesse.
DANIEL: Comment est-ce que je la paie?
LE GENDARME: Vous achetez un timbre fiscal au café-tabac. Vous le collez sur cette fiche et vous l'expédiez par courrier.
DANIEL: Dans un délai de combien de jours?
LE GENDARME: Faites-le le plus rapidement possible. Vous pouvez continuer sur votre chemin maintenant.
DANIEL: Merci, Monsieur. Je vais conduire plus prudemment.

* * *

Don't Drive too Fast!

Daniel is driving to his office. His first client is already waiting for him there. He speeds up (= accelerates) and passes some other vehicles. Suddenly he hears the screaming of a siren.

THE POLICEMAN: You're driving very fast, sir.
DANIEL: Excuse me, Officer. I'm a little late.
THE POLICEMAN: Give me your driver's license, please.
DANIEL: Here it is, sir.
THE POLICEMAN: Very good. You have another piece of identification, don't you? Show it to me.
DANIEL: Here's my I.D. card. I'm looking for some others.
THE POLICEMAN: This card is enough (= suffices). Do you have the papers for the car?
DANIEL: Here they are. There isn't any problem, I hope.
THE POLICEMAN: No, your papers are in order.
DANIEL: Are you going to give me a ticket?
THE POLICEMAN: Yes, for speeding.
DANIEL: How do I pay it?
THE POLICEMAN: You buy a fiscal stamp at the café-tobacco shop. You stick it on this form and send it off by mail.

DANIEL: Within how many days?
THE POLICEMAN: Do it as quickly as possible. You may (= can) continue on your way (= road) now.
DANIEL: Thank you, sir. I'm going to drive more carefully (= prudently).

VOCABULARY

NOUNS

le café-tabac café (*where tobacco is also sold*)
le chemin road
la contravention traffic ticket
le courrier mail
le délai delay
l'excès (*m.*) excess
la fiche form
le gendarme policeman
le hurlement (*m.*) screaming
l'identité (*f.*) identification
le papier paper
le permis permit
la pièce piece
le problème problem
la sirène siren
le véhicle vehicle

VERBS

accélérer to accelerate
coller to stick

conduire to drive
continuer to continue
doubler to pass
entendre to hear
espérer to hope
expédier to mail
montrer to show
rouler to drive
suffire to suffice

ADJECTIVES

fiscal(e) fiscal

USEFUL EXPRESSIONS

en règle in order
en retard late
être en train de to be in the act of
prudemment prudently
soudain suddenly
trop too

GRAMMATICAL STRUCTURE EXERCISES

A. **Rewrite each of the following sentences, replacing the italicized words with the object pronouns *y* or *en*.**

1. Je vais *au bureau*. ....
2. Il montre trois *pièces d'identité*. ....
3. Il n'y a pas *de problème*. ....
4. Je conduis mon ami *au café-tabac*. ....
5. Ma carte est *dans ma voiture*. ....

B. **Rewrite each of the following commands, replacing the italicized words with the correct object pronouns.**

1. Ne pensez pas à *votre permis de conduire*. ....
2. Donne *ta carte au gendarme*. ....
3. Offrez-moi cent *dollars*. ....
4. N'achète pas trop *de timbres*. ....
5. Ne donnons pas *notre adresse aux gendarmes*. ....
....

C. Complete the following sentences with the correct form of the demonstrative adjective.

1. Mes amis attendent dans .... café-tabac.

2. .... permis suffit.

3. Je ne peux pas lire .... annonces.

4. .... sirène me fait mal à la tête.

5. Donnez-moi .... carte d'identité!

QUESTION-ANSWER EXERCISE

Answer each of the following questions with a complete sentence.

1. As-tu toujours ta carte d'identité dans ton sac?

   ....

2. Conduisent-ils trop vite?

   ....

3. Combien de pièces d'identité a-t-elle?

   ....

4. Pourquoi va-t-il lui donner une contravention?

   ....

5. Comment paie-t-on une contravention?

   ....

6. Pourquoi vos papiers ne sont-ils pas en règle?

   ....

7. Où est-ce que son client l'attend?

   ....

8. Combien de voitures vas-tu doubler?

   ....

9. Où colle-t-on le timbre fiscal?

   ....

10. Pourquoi sont-elles un peu en retard?

    ....

11. Pourquoi entend-on le hurlement d'une sirène?

　　..

12. Où achète-t-on les timbres fiscaux?

　　..

CAN YOU MATCH THE ROAD SIGNS TO THE FRENCH EXPRESSIONS?

EXPRESSIONS

1. Interdiction de dépasser
2. Chemin sans issue
3. Passage pour piétons
4. Chaussée rétrécie par la droite
5. Obligation d'arrêt
6. Virage à droite
7. Poste de secours
8. Stationnement interdit
9. Cédez le passage
10. Sens interdit
11. Chaussée particulièrement glissante
12. Limitation de vitesse
13. Taxis tête de station
14. Priorité de passage
15. Interdiction de tourner à gauche
16. Passage d'animaux sauvages
17. Fin de la limitation de vitesse
18. Sens unique
19. Hôpital
20. Autoroute
21. Descente dangereuse
22. Parc de stationnement
23. Perte de priorité
24. Arrêt d'autobus

ROAD SIGNS

Write the expression that corresponds to each symbol on the line provided.

1. .... (Curve to the right)
2. .... (Pedestrian crossing)
3. .... (Animal crossing)
4. .... (Steep hill)
5. .... (Slippery surface)
6. .... (Road narrows)
7. .... (Speed limit)
8. .... (Do not enter)
9. .... (No passing)
10. .... (No left turn)

Name.. Section........................... Date ....

11. .... (No parking)

12. .... (End of speed limit)

13. .... (Parking lot)

14. .... (Hospital)

15. .... (First aid station)

16. .... (Bus stop)

17. .... (One way)

18. .... (Dead end)

19. .... (Highway)

20. .... (Yield)

21. .... (Right of way)

22. .... (End of right of way)

23. .... (Stop)

24. .... (Taxi stand)

Answers:

1. Virage à droite 2. Passage pour piétons 3. Passage d'animaux sauvages 4. Descente dangereuse 5. Chaussée particulièrement glissante 6. Chaussée rétrécie par la droite 7. Limitation de vitesse 8. Sens interdit 9. Interdiction de dépasser 10. Interdiction de tourner à gauche 11. Stationnement interdit 12. Fin de la limitation de vitesse 13. Parc de stationnement 14. Hôpital 15. Poste de secours 16. Arrêt d'autobus 17. Sens unique 18. Chemin sans issue 19. Autoroute 20. Cédez le passage 21. Priorité de passage 22. Perte de priorité 23. Obligation d'arrêt 24. Taxis tête de station

---

DIALOGUE COMPLETION

Using your imagination and the vocabulary learned in this lesson, complete the missing lines of these dialogues.

Sur la route.

LE GENDARME: ....

LUCIENNE: Oui, Monsieur, je le sais. Mais excusez-moi, je suis en retard.

LE GENDARME: ……………………………………………………………………………………………………

LUCIENNE: Oui, Monsieur. Je l'ai dans mon sac.

LE GENDARME: ……………………………………………………………………………………………………

LUCIENNE: Le voici. Il est en règle, j'espère.

LE GENDARME: ……………………………………………………………………………………………………

LUCIENNE: Oui, j'ai aussi ma carte d'identité.

LE GENDARME: ……………………………………………………………………………………………………

LUCIENNE: Ne me donnez pas de contravention, Monsieur. Je vais conduire plus prudemment.

Au café-tabac.

LA DAME: ……………………………………………………………………………………………………

LUCIENNE: Un timbre fiscal, s'il vous plaît.

LA DAME: ……………………………………………………………………………………………………

LUCIENNE: Un gendarme vient de me donner une contravention.

LA DAME: ……………………………………………………………………………………………………

LUCIENNE: Pour excès de vitesse.

LA DAME: ……………………………………………………………………………………………………

LUCIENNE: Je ne sais pas où le coller.

LA DAME: ……………………………………………………………………………………………………

LUCIENNE: Merci. Je vais l'expédier cet après-midi.

PICTURE PERFECT

Write what you think the people are saying in each of the scenes illustrated on page 89.

1. CHRISTIAN: ……………………………………………………………………………………………

   LE GENDARME: …………………………………………………………………………………………

2. LE GENDARME: …………………………………………………………………………………………

3. LE GENDARME: …………………………………………………………………………………………

4. LE GENDARME: …………………………………………………………………………………………

   CHRISTIAN: ……………………………………………………………………………………………

5. LE GENDARME: …………………………………………………………………………………………

   CHRISTIAN: ……………………………………………………………………………………………

6. LE GENDARME: ....

   CHRISTIAN: ....

SITUATIONAL EXERCISE

What would you say in the following situations?

1. You're driving your car and suddenly you hear a siren behind you.
2. You're a police officer. You ask the people in a car to show you their I.D.'s.
3. You want to tell your friend he (she) is driving too fast.
4. You want to tell the driver to pass the car in front of yours.
5. You need to explain that you were speeding because you're late.
6. You're a police officer; you have just stopped a car and must tell the driver that he (she) is driving too fast and ask for his (her) license.
7. You have to buy the proper stamp at the **café-tabac** to pay for a speeding ticket.
8. You must assure a policeman that you're going to drive a lot more carefully.

AND NOW, IT'S YOUR TURN!

Act out the following situations with a partner.

1. Someone getting a ticket.
2. Someone trying to pay a traffic ticket.

DICTATION

....

....

....

....

....

CLASS ACTIVITY

Divide the class into four groups: police officers, judges, drivers, café employees.

Act I: Police stop speeders and give them tickets. Some of the drivers try to talk the police out of giving them tickets. Others quickly admit their guilt, but plead extenuating circumstances.

Act II: Drivers plead their cases before the judges. The judges decide whether or not they should receive tickets.

Act III: Guilty drivers purchase **timbres fiscaux** and mail their fines.

Name.. Section...................................... Date ....

LESSONS 6–10 **VOCABULARY REVIEW**

A. Circle the word or phrase that does not belong in each group.

1. cours, éclair, flan
2. colis, casse, paquet
3. malfaiteur, boucher, dragueur
4. doubler, écrire, accélérer
5. américain, français, fatigué
6. cigarette, timbre, cigare
7. traverser, tourner, mettre
8. brun, exact, blond
9. hurlement, véhicule, voiture
10. passeport, chariot, étranger
11. formulaire, fiche, emballage
12. vite, bien, rapidement
13. par avion, payable à l'arrivée, au-dessus de
14. marchand, police, commerçant
15. direction, aéroport, douane
16. avoir faim, avoir soif, avoir raison
17. savoir, garantir, connaître
18. ouvrir, appartenir, fermer
19. steward, repas, hôtesse
20. appeler, habiter, crier

B. Circle the appropriate word or phrase in order to complete each of the following sentences. Then read the sentence aloud.

1. Le gendarme lui donne une (perte, contravention, timbre).
2. Nous (économisons, déclarons, débarquons) de l'avion.
3. L'affranchissement (expédie, coûte, achète) cher.
4. Il t'offre (une queue, un pot, une chair).
5. S'il vous plaît, Madame, (remplissez, ficelez, calculez) le formulaire.
6. Je prends 100 grammes de (plateau, fromage, quartier).
7. Cette photo me donne la chair de (whisky, poule, veau).
8. Vous pouvez le faire (mal fait, postal, payable) à l'arrivée.
9. Le dragueur (accoste, vole, crie) la jeune fille.
10. Voici une pièce d' (excès, étalage, identité).
11. Nous n'habitons pas le (morceau, paquet, quartier) du Louvre.
12. Le mien est un appareil (nerveux, neuf, poli).
13. Il peut l'attacher plus (maintenant, solidement, malheureusement).
14. Nous (importunons, disons, lisons) le journal.
15. On (vole, montre, paie) le permis de conduire au gendarme.
16. (Au secours!, Au voleur!, Ouf!). Sortons vite! La douane me donne la chair de poule.

91

17. (La douanière, le voisin, l'étrangère) a tamponné mon passeport.
18. Vos papiers sont (à peu près, d'abord, en règle).
19. (Le malfaiteur, le gendarme, l'agent) me vole mon sac.
20. L'affranchissement ne (garantit, indique, coûte) pas contre la perte.
21. Je vais (faire, prendre, mettre) le marché.
22. Nous entendons le (problème, morceau, hurlement) d'une sirène.
23. Indiquez votre nom sur (la casse, le bureau, l'étiquette).
24. Elle va (assister, écrire, déclarer) à son cours.
25. Ils ont (accéléré, calculé, doublé) trois voitures.
26. Nous voulons des fromages (usagés, spéciaux, froids).
27. Vous n'aimez pas faire (la queue, la patience, le timbre).
28. L'employée (calcule, remplit, subit) le tarif.
29. Charlie Chaplin a des cheveux (frisés, frais, chers).
30. Les gendarmes ont (conduit, pris, recommandé) les papiers de la voiture.
31. Nous achetons (un timbre, une baguette, un voleur) pour le dîner.
32. On paie la contravention avec un timbre (postal, fiscal, rapide).
33. Je veux emballer mon (colis, chariot, client).
34. Le clochard n'importune pas les (journaux, passants, morceaux).
35. Ils attendent pour (tamponner, passer, pousser) la douane.
36. Je le connais (ainsi, loin, depuis) un mois.
37. Mon passeport est (nerveux, fatigué, neuf).
38. Je n'aime pas remplir les (morceaux, formulaires, dommages).
39. L'agent (garantit, écrit, traite) le procès-verbal.
40. Ne (roulez, laissez, voulez) pas trop vite!

C. Match the items in column A with those in column B. Then read the sentences aloud.

A	B
1. Je prends	____ raison.
2. Elle a acheté son appareil-photo	____ au guichet 3.
3. L'affranchissement coûte	____ la jeune fille.
4. On fait la queue	____ fatigué.
5. Le gendarme a demandé	____ calculer.
6. Elles n'ont pas	____ devant les guichets.
7. Quand on a peur,	____ le tarif.
8. Je ne sais pas	____ dans mon sac.
9. L'épicier a les cheveux	____ 300 grammes de veau.
10. Il ne connaît pas	____ une pièce d'identité.
11. Tout le monde est	____ au magasin hors-taxes.
12. Au magasin hors-taxes	____ les passeports.
13. Le destinataire va recevoir	____ frisés.
14. Nous avons donné notre adresse	____ au bureau.
15. Mon permis de conduire est	____ très cher.
16. Mon client m'attend	____ le numéro du code postal.
17. On a payé les droits de douane	____ le colis demain.

Name.. Section....................... Date ....

    18. On calcule _____ on peut économiser de l'argent.
    19. Le dragueur a importuné _____ au gendarme.
    20. Le douanier tamponne _____ on a la chair de poule.

D. Write the following words or phrases in French in the blanks provided. What expression is formed vertically?

1. today
2. to put
3. rate
4. to read
5. delay
6. to pay
7. cute
8. postal
9. to leave
10. world
11. against
12. to make
13. suitcase
14. suddenly
15. to indicate
16. piece
17. fresh
18. string
19. to stick
20. stamp

E. *Mots Croisés*. (Lessons 6-10). Use the clues provided below to complete the crossword puzzle.

HORIZONTAL

1. un colis
2. Ne viens pas ____ ; viens demain
3. un marchand
4. Je vais ____ mon journal.
5. Nous faisons la ____ .
6. Les gendarmes
7. Nous ____ près d'ici.
8. On prend des ____ avec un appareil-photo.
9. Attachez le colis avec de la ____ .
10. une voiture
11. Comment ____ -on contre la perte.
12. Je n'ai pas mon ____ de conduire.
13. Le douanier demande nos ____ .
14. pas tout près
15. Elle aime ____ sa voiture.
16. As-tu les papiers de la ____ ?
17. Pourquoi lit-il le ____ ?
18. Nous n'habitons pas dans une maison; nous habitons dans un ____ .
19. On garantit contre la casse et la ____ .
20. Le gendarme m'a donné une ____ .
21. La femme ____ des fromages.
22. J'ai les cheveux ____ .
23. On achète des timbres au ____ 16.
24. Je veux expédier ma lettre par ____ .
25. On achète du ____ chez le fromager.
26. ____ , s'il vous plaît.
27. Nous n'aimons pas passer la ____ .
28. Il achète de la ____ de canard.
29. J'ai besoin d'aller aux ____ .
30. La douane me ____ la chair de poule.
31. Vas-tu ____ le tarif?
32. J'entends le ____ d'une sirène.

VERTICAL

1. une ____ de cigarettes
2. La ____ de poule
3. L'avion atterrit à l' ____ .
4. Le clochard ____ les passants.
5. Je l'expédie par ____ .
6. Un ____ de veau n'est pas assez.
7. L'argent est dans mon ____ .
8. On achète des ____ au bureau de poste.
9. la ____ et la perte
10. le hurlement d'une ____
11. un dessert
12. Elle va ____ la police.
13. Les passagers ____ de l'avion.
14. Il va faire le ____ .
15. une ____ d'identité
16. Je veux ____ mon colis.
17. Je cherche une pièce d' ____ .
18. Le ____ m'a volé mon sac.
19. Hé! ____ !
20. Je n'aime pas le ____ des sirènes.
21. Il fait ____ .
22. Tu ne ____ pas mon adresse.
23. Pourquoi me traites-tu comme un ____ ?
24. Vous faites le marché au ____ .
25. On achète des ____ chez le boulanger.
26. Le supermarché est un grand ____ .
27. Je n'aime pas le bifteck; j'aime le ____ .
28. L' ____ a l'air mal fait.
29. Du ____ , Monsieur!

11

A la recherche d'un poste

Gilles cherche du travail. Il a une entrevue à 10 heures du matin et il a peur d'être en retard.

A la maison.

GILLES: Quelle heure est-il, Gilberte? Je ne peux pas manquer mon autobus.
GILBERTE: Ne t'affole pas, Gilles. Tu ne vas pas être en retard.
GILLES: Est-ce que je me suis habillé correctement pour ce rendez-vous?
GILBERTE: Tu t'es très bien habillé. Tu t'es même lavé les cheveux, n'est-ce pas?
GILLES: Oui. As-tu vu ma serviette?
GILBERTE: Tu as laissé ta serviette dans le salon hier soir, je crois.
GILLES: Et mon chapeau?
GILBERTE: J'ai vu ton chapeau à côté de la serviette.
GILLES: Je n'ai rien oublié, j'espère. Au revoir, Gilberte.
GILBERTE: Au revoir, mon pauvre chéri, et bonne chance.

Au bureau des Assurances Escam.

LE SECRÉTAIRE: Avez-vous rendez-vous, Monsieur?
GILLES: Oui, avec Mme La Tour.
LE SECRÉTAIRE: Pour quelle raison, s'il vous plaît?
GILLES: C'est pour le poste de comptable.
LE SECRÉTAIRE: Il y a trois fiches à remplir avant l'entrevue.
GILLES: J'ai déjà rempli toutes ces fiches, Monsieur. Mon dossier de candidature est complet, je crois.

Dans le bureau de Mme La Tour.

MME LA TOUR: Pourquoi êtes-vous devenu comptable, Monsieur?
GILLES: J'ai choisi ce métier parce que j'ai une tête pour les chiffres.
MME LA TOUR: Est-ce que vous pouvez vérifier de longues listes de chiffres sans faire d'erreur.
GILLES: Oui, oui. Mes yeux sont très bons et ne se fatiguent pas.
MME LA TOUR: Chez nous, on vient de remplacer le livre de comptes par un ordinateur.
GILLES: Ah, Madame, je suis aussi programmateur. J'aime beaucoup utiliser l'ordinateur pour la comptabilité.
MME LA TOUR: Avez-vous un diplôme?
GILLES: Je suis allé à une école spéciale où j'ai obtenu un certificat de programmateur avancé.

Plus tard à la maison.

GILBERTE: As-tu mal à la tête, Gilles? Tu es tout pâle.
GILLES: Non, c'est simplement la fatigue.

GILBERTE:	As-tu vu Mme La Tour?
GILLES:	Oui, elle est très sympathique.
GILBERTE:	Comment s'est passé cette entrevue?
GILLES:	Elle s'est bien passé.
GILBERTE:	Et le poste?
GILLES:	Tu n'as pas vu cette bouteille de champagne, ma petite Gilberte?
GILBERTE:	Quelle superbe bouteille!
GILLES:	Ce soir nous allons boire à la santé du nouveau comptable des Assurances Escam.

* * *

Job Hunting.

Gilles is looking for a job. He has an interview at 10 o'clock in the morning, and he's afraid to be late.

At home.

GILLES:	What time is it, Gilberte? I can't miss my bus.
GILBERTE:	Don't panic, Gilles. You're not going to be late.
GILLES:	Am I properly dressed for this appointment?
GILBERTE:	You're very well dressed. You even washed your hair, didn't you?
GILLES:	Yes. Have you seen my briefcase?
GILBERTE:	You left your briefcase in the living room last night, I think (= believe).
GILLES:	And my hat?
GILBERTE:	I saw your hat next to the briefcase.
GILLES:	I haven't forgotten anything, I hope. Good-bye, Gilberte.
GILBERTE:	Good-bye, my poor darling, and good luck.

At the Escam Insurance office.

SECRETARY:	Do you have an appointment, sir?
GILLES:	Yes, with Mrs. La Tour.
SECRETARY:	For what reason, please?
GILLES:	It's for the bookkeeping position.
SECRETARY:	There are three forms to fill out before the interview.
GILLES:	I've already filled out all these forms, sir. My applicant's file is complete, I believe.

In Mrs. La Tour's office.

MRS. LA TOUR:	Why did you become a bookkeeper, sir?
GILLES:	I chose that profession because I have a good head for figures.
MRS. LA TOUR:	Can you check (= verify) long lists of numbers without making an error?
GILLES:	Yes, yes. My eyes are very good and don't tire easily.
MRS. LA TOUR:	We have just replaced the ledger (= account book) with a computer.
GILLES:	Ah, Madam, I am also a programmer. I like using the computer for bookkeeping very much.
MRS. LA TOUR:	Do you have a diploma?
GILLES:	I went to a special school where I obtained an advanced programmer's certificate.

Later, at home.

GILBERTE:	Do you have a headache, Gilles? You're very pale.
GILLES:	No, I'm just tired (= it's just tiredness).
GILBERTE:	Did you see Mrs. La Tour?
GILLES:	Yes, she's very nice.
GILBERTE:	How did the interview go?
GILLES:	It went well.
GILBERTE:	And the job?
GILLES:	You didn't see this bottle of champagne, (my little) Gilberte?
GILBERTE:	What a terrific (= superb) bottle!
GILLES:	Tonight we're going to drink to the health of Escam Insurance's new bookkeeper.

Name.. Section...................................... Date ....

VOCABULARY

NOUNS

l'autobus (*m.*) bus
la candidature candidacy
le certificat certificate
le champagne champagne
la chance luck
le chapeau hat
les cheveux (*m. pl.*) hair
le chiffre number
la comptabilité bookkeeping
le (la) comptable bookkeeper
le diplôme diploma
le dossier file
l'école (*f.*) school
l'entrevue (*f.*) interview
l'erreur (*f.*) mistake
la fatigue tiredness
la liste list
le livre (de comptes) (account) book, ledger
le matin morning
le métier profession
l'œil (*m.*) (*pl.* **les yeux**) eye
l'ordinateur (*m.*) computer
le poste job
le (la) programmateur(trice) programmer
la raison reason
le rendez-vous appointment
le salon living room
la santé health
la serviette briefcase
le soir evening
le travail job

VERBS

croire to believe
devenir to become
manquer to miss
obtenir to obtain
remplacer to replace
s'affoler to panic
se fatiguer to tire
s'habiller to dress
se laver to wash
utiliser to use
vérifier to verify
voir to see

ADJECTIVES

avancé(e) advanced
complet(ète) complete
long(ue) long
pâle pale
pauvre poor
superbe superb
sympathique nice

USEFUL EXPRESSIONS

à côté de next to
au revoir good-bye
hier yesterday
sans without
simplement simply

GRAMMATICAL STRUCTURE EXERCISES

A. Complete the following chart:

INFINITIF	JE	TU	IL/ELLE/ON	NOUS	VOUS	ILS/ELLES
manquer						
	j'ai choisi					
		tu as répondu				
			elle a vu			
				nous nous sommes habillés		
					vous êtes allés	
						ils ont obtenu

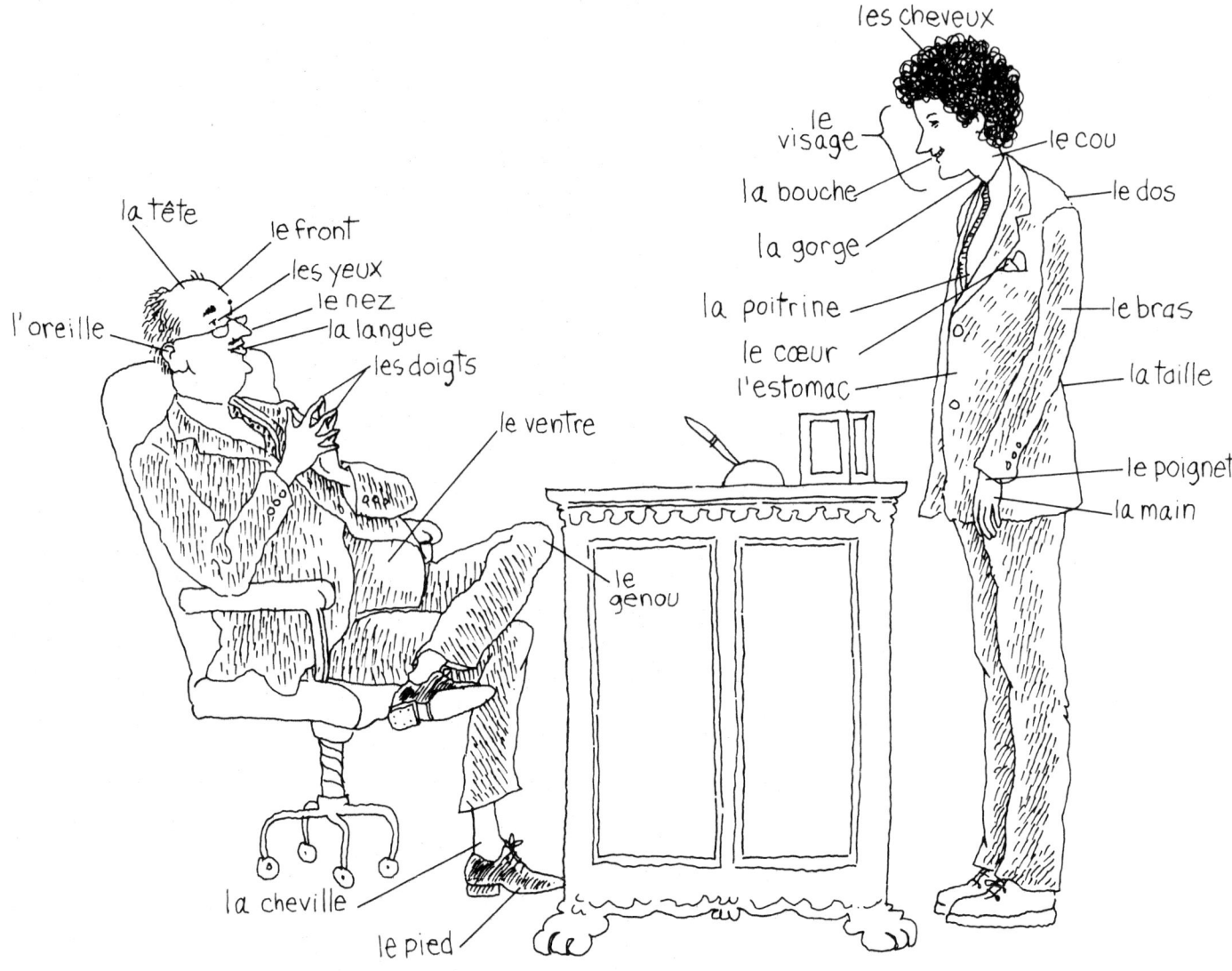

B. **Complete each of the following sentences with the name of an appropriate part of the body:**

1. Elle a .... bleus.

2. J'ai .... longs et blonds.

3. Avez-vous mal à .... ?

C. **Complete each of the following sentences with one of the reflexive verbs in the list.**

se passer   s'habiller
s'affoler   se fatiguer
se laver

1. Je .... correctement. (present tense)

2. Elle .... facilement. (present tense)

3. Tout .... bien. (present tense)

4. Tu .... les cheveux. (present tense)

5. Vous .... les yeux. (present tense)

Name... Section...................................... Date ....

QUESTION-ANSWER EXERCISE

Answer each of the following questions in a complete sentence.

1. Est-ce que vous vous fatiguez facilement?

   ....

2. Comment t'habilles-tu pour une entrevue?

   ....

3. Où a-t-elle laissé son chapeau?

   ....

4. Ton ami a-t-il manqué l'autobus ce matin?

   ....

5. Pourquoi a-t-elle mal à la tête?

   ....

6. Combien de fois par semaine te laves-tu les cheveux?

   ....

7. Sais-tu utiliser l'ordinateur?

   ....

8. Où avez-vous obtenu votre certificat de programmateur?

   ....

9. A-t-elle déjà rempli ces fiches?

   ....

10. Avons-nous oublié la serviette de Didier?

    ....

11. Est-ce que ce dossier est complet?

    ....

12. Pourquoi le jeune homme s'affole-t-il?

    ....

13. Où êtes-vous aller acheter cette bouteille de champagne?

    ....

14. Comment s'est passée votre entrevue?

   ....

15. Pourquoi a-t-elle remplacé sa belle serviette?

   ....

16. Quel métier as-tu choisi?

   ....

17. Où avez-vous mal?

   ....

18. Comment s'est-il habillé pour son rendez-vous?

   ....

19. Croyez-vous à l'histoire de cet homme?

   ....

20. Ont-ils vu le nouvel ordinateur?

   ....

DIALOGUE COMPLETION

Using your imagination and the vocabulary learned in this lesson, complete the missing lines of these dialogues.

A la maison.

ARIANE: ....

GÉRARD: Non, non, tu n'as pas manqué l'autobus.

ARIANE: ....

GÉRARD: Tu n'es pas en retard. Ton rendez-vous est à 11 heures.

ARIANE: ....

GÉRARD: Tu t'habilles toujours bien. Ne t'affole pas.

Au bureau Duroc et Frères.

LA SECRÉTAIRE: ....

DORINE: Non, je n'ai pas de rendez-vous, Madame.

LA SECRÉTAIRE: ....

Name.. Section..................................... Date ....

DORINE: Je désire remplir les fiches pour le poste de programmateur.

LA SECRÉTAIRE: ....

DORINE: Non, la comptabilité ne m'intéresse pas. Ce poste n'est pas pour moi.

LA SECRÉTAIRE: ....

DORINE: Parce que les chiffres me donnent mal à la tête.

Le soir.

CORINNE: ....

NICOLAS: Je suis allé à la Banque Moriel.

CORINNE: ....

NICOLAS: On a demandé pourquoi je suis devenu comptable.

CORINNE: ....

NICOLAS: J'ai répondu à toutes leurs questions mais je me suis fatigué inutilement, je crois.

CORINNE: ....

NICOLAS: Parce qu'ils vont donner ce poste à l'autre candidat.

PICTURE PERFECT

Answer the following questions about the pictures on pp. 104 and 105.

A. 1. Quelle question pose le secrétaire?

   ....

   2. Comment la dame répond-elle?

   ....

B. 1. Pourquoi le secrétaire s'intéresse-t-il aux fiches?

   ....

   2. Quand la dame a-t-elle rempli ces fiches?

   ....

C. Décrivez les actions des deux personnes

   1. ....

   2. ....

Name.. Section...................................... Date ....

D. L'homme raconte sa journée à sa petite amie. Décrivez les différentes actions de chaque heure.

1. A 9 heures ....

2. A 11 heures ....

3. A 12 heures ....

4. A 14 heures ....

5. A 17 heures ....

SITUATIONAL EXERCISE

What would you do in the following situations?
1. You walk into an office and want to apply for a job as a computer operator.
2. You need to tell someone that you have a headache.
3. Your friend asks what you did today. You explain that you washed your hair, chose a new briefcase, and filled out application forms for a job at the telephone company.

AND NOW, IT'S YOUR TURN!

Act out the following situations with a partner:
1. Getting ready for a job interview.
2. Applying for a job.
3. Telling a friend about a job interview.

REMEMBER THESE PARTS OF THE BODY?

Write the name beside the corresponding number for the parts of the body shown in the picture.

1. ....
2. ....
3. ....
4. ....
5. ....
6. ....
7. ....
8. ....
9. ....
10. ....
11. ....
12. ....
13. ....
14. ....
15. ....
16. ....
17. ....
18. ....
19. ....
20. ....
21. ....
22. ....
23. ....
24. ....

Name.. Section...................................... Date ....

DICTATION

....

....

....

....

....

CLASS ACTIVITY

Divide the class into two groups. One group is composed of secretaries and bosses, the other of job applicants. The applicants phone to make an appointment, secretaries describe job, applicants come in and fill out forms, the bosses interview them. At the end, each boss and secretary choose the successful candidate.

12

Une visite à Paris

Françoise et Thierry viennent d'arriver à Paris pour la première fois. Ils sont impatients de tout découvrir dans cette ville où il y a tellement de choses à faire et à voir.

FRANÇOISE: Paris me plaît déjà.
THIERRY: J'ai hâte de visiter tous les musées et les jardins et les...
FRANÇOISE: Si nous ne nous dépêchons pas, nous n'allons rien voir du tout.

Plus tard, dans le métro.

FRANÇOISE: Cherches-tu quelque chose?
THIERRY: Oui, mon portefeuille. Je veux acheter nos tickets.
FRANÇOISE: Ne t'inquiète pas; tu ne l'as pas perdu. Il est quelque part dans nos affaires.
THIERRY: Tiens, le voici. Veux-tu acheter un journal?
FRANÇOISE: Oui, c'est le bon moment; il n'y a personne devant le kiosque.

Devant le guichet du métro.

FRANÇOISE: Est-ce que quelqu'un peut nous expliquer la différence entre un carnet de première et un carnet de seconde?
THIERRY: C'est le prix. On arrive aussi vite à destination avec l'un ou l'autre ticket.
FRANÇOISE: Nous pouvons faire mieux et acheter une Carte Orange hebdomadaire.
THIERRY: Est-ce qu'on paie un prix fixe pour aller partout pendant une semaine par le système de transport parisien?
FRANÇOISE: Oui, il existe même un coupon mensuel.
THIERRY: Chaque carte est extrêmement pratique. Achètes-en deux hebdomadaires.
FRANÇOISE: D'accord. Où est le plan du métro?
THIERRY: Là-bas. Regarde si nous avons des changements à faire pour arriver à notre arrêt.

Dans le métro.

THIERRY: Tu vois, Françoise, certaines correspondances sont faciles. Tiens, il y a deux places. Asseyons-nous.
FRANÇOISE: Ouf! Je suis déjà un peu fatiguée.
THIERRY: Profite quand même de ce petit moment tranquille pour écrire une carte postale à Sylvie.
FRANÇOISE: Tu as raison. Nous nous sommes promis de nous écrire tous les jours pendant nos vacances.

* * *

A Visit to Paris

Françoise and Thierry have just arrived in Paris for the first time. They are impatient to discover everything in this city, where there are so many things to do and see.

FRANÇOISE: I already like Paris. (= Paris pleases me already.)
THIERRY: I can hardly wait to visit all the museums and gardens and...
FRANÇOISE: If we don't hurry up, we won't see anything at all.

Later, in the subway.

FRANÇOISE: Are you looking for something?
THIERRY: Yes, my wallet. I want to buy our tickets.
FRANÇOISE: Don't worry; you haven't lost it. It's somewhere in our belongings.
THIERRY: Right (= Say), here it is. Do you want to buy a newspaper?
FRANÇOISE: Yes, now's (= it's) the right moment; there's no one in front of the newsstand.

In front of the subway ticket window.

FRANÇOISE: Can someone explain to us the difference between a book of first- and second-class tickets?
THIERRY: It's the price. You get to your destination just as fast with either ticket.
FRANÇOISE: We can get an even better deal (= do better) and buy a Carte Orange good for a week.
THIERRY: Do you pay a fixed price to go anywhere on the Paris transportation system for a week?
FRANÇOISE: Yes, there's even a monthly ticket.
THIERRY: Each card is very (= extremely) practical. Let's buy two weekly ones.
FRANÇOISE: O.K. Where's the subway map (= plan)?
THIERRY: Over there. Look to see if we have any changes to make in order to arrive at our stop.

In the subway train.

THIERRY: You see, Françoise, certain connections are easy. Hey (= Say), there are two seats. Let's sit down.
FRANÇOISE: Phew! I'm already a little tired.
THIERRY: Take advantage just the same of this quiet little moment to write a postcard to Sylvia.
FRANÇOISE: You're right. We promised to write to each other every day during vacation.

VOCABULARY

NOUNS

les affaires (*f. pl.*) belongings
l'arrêt (*m.*) stop
le carnet book (*of tickets*)
le changement change
la chose thing
la correspondance connection
le coupon ticket
la destination destination
la différence difference
le kiosque kiosk, newsstand
le métro subway
le moment moment
la place seat
le plan plan
le prix price
la semaine week
le système system
le ticket ticket (*subway*)
les vacances (*f. pl.*) vacation
la ville city

VERBS

arriver to arrive
avoir hâte to be in a hurry
découvrir to discover
exister to exist
expliquer to explain
perdre to lose
plaire to please
profiter to take advantage of
s'asseoir to sit down
se dépêcher to hurry
s'inquiéter to worry

ADJECTIVES

certain(e) certain
chaque each
facile easy
fixe fixed
hebdomadaire weekly
impatient(e) impatient
même same

mensuel(le) monthly
parisien(ne) Parisian
pratique practical
premier(ère) first
second(e) second
tout(e) (tous, toutes) all

USEFUL EXPRESSIONS
aussi as
d'ailleurs besides
déjà already

extrêmement extremely
là-bas over there
mieux better
ne...personne no one
ne...rien nothing
partout everywhere
pendant during
quelque part somewhere
quelqu'un someone
tellement so many
tiens! say!

GRAMMATICAL STRUCTURE EXERCISES

A. **Complete each of the following sentences with the present tense of the verbs in parentheses. Then translate each sentence.**

1. Pourquoi Françoise et Sylvie .... si souvent? (s'écrire)

2. Nous .... de ne pas boire trop de vin. (se promettre)

3. Est-ce que vous .... tous les jours? (se téléphoner)

4. Marc et Colette .... beaucoup. (s'aimer)

5. Les deux amies .... mille choses. (se dire)

B. **Rewrite the sentences in Exercise A using the *passé composé* instead of the present tense. Then translate each sentence.**

1. ....
   ....
2. ....
   ....
3. ....
   ....
4. ....
   ....
5. ....
   ....

C. **Create a question for each group of words.**

1. Vouloir (présent) / vous / acheter / quelque / billets / entrée / métro?

   ....

2. Est-ce que / chaque / personne / acheter (passé composé) / carnet / seconde?

   ....

3. Perdre (passé composé) / tu / tout / ton / affaires?

   ....

4. Est-ce que / certain / vos / ami / demander (présent) / Carte Orange / à / guichet?

   ....

5. Tout / correspondances / métro / être (présent) / difficile?

   ....

D. **Answer each question in Exercise C using an indefinite pronoun to replace the indefinite adjective and noun each time.**

   1. Non, ...

   2. Oui, ...

   3. Oui, ...

   4. Oui, ...

   5. Non, ...

E. **Answer each of the following questions in the negative. Use the negative expressions that correspond to the italicized words.**

   1. As-tu *déjà* visité Paris? ....

   2. Regardez-vous *souvent* le plan du métro? ....

   3. Aime-t-elle *beaucoup* écrire des cartes postales? ....

   4. Est-ce que *quelqu'un* attend devant le kiosque? ....

   5. A-t-il acheté *quelques* Cartes Orange? ....

F. **Complete each of the following sentences with the present tense of the verb in parentheses.**

   1. Nous .... pour attendre le train   (s'asseoir)

   2. S'il te ...., achète un carnet de seconde.   (plaire)

   3. Je .... dans le jardin.   (s'asseoir)

   4. Vous .... à Paris.   (se plaire)

Name.. Section............................. Date ....

QUESTION-ANSWER EXERCISE

Answer each of the following questions in a complete sentence.

1. Y a-t-il des choses intéressantes à faire et à voir à Paris?

   ....

2. Toi et ton ami, vous écrivez-vous souvent?

   ....

3. Est-ce que certains carnets de métro coûtent moins cher que d'autres?

   ....

4. Pourquoi n'a-t-il rien vu au musée?

   ....

5. Avez-vous perdu quelque chose?

   ....

6. Veux-tu aller partout à Paris?

   ....

7. S'asseyent-elles toujours dans le métro?

   ....

8. Pourquoi ne se téléphonent-ils pas plus souvent?

   ....

9. Chaque personne paie-t-elle le même prix pour voyager dans le métro?

   ....

10. Est-ce que certaines correspondances de métro sont plus difficiles que d'autres?

    ....

11. Quels musées vous plaisent le plus?

    ....

12. Pourquoi ne prend-elle jamais le métro?

    ....

13. Ont-elles perdu leurs affaires quelque part?

    ....

14. Est-ce que certains de vos amis n'aiment pas visiter les musées?

    ....

15. Pourquoi personne n'achète de journal aujourd'hui?

    ....

16. Toi et ton ami, aimez-vous visiter les grands jardins?

    ....

17. Où les amis veulent-ils passer quelques jours?

    ....

18. Est-ce que tes amis se téléphonent très souvent?

    ....

19. Peut-on s'asseoir dans un musée?

    ....

20. Est-ce que vous vous inquiétez quand vous n'avez rien à faire?

    ....

DIALOGUE COMPLETION

Using your imagination and the vocabulary learned in the lesson, complete the missing lines of these dialogues.

Au guichet.

ALAIN: ....

L'EMPLOYÉE: Un carnet de première ou de seconde, Monsieur?

ALAIN: ....

L'EMPLOYÉE: Voilà votre carnet de seconde, Monsieur. 22 francs, s'il vous plaît.

ALAIN: ....

L'EMPLOYÉE: Et voilà votre monnaie, 3 francs

Devant le plan du métro.

SUZANNE: As-tu trouvé notre arrêt?

GENEVIÈVE: ....

SUZANNE: Ne t'inquiète pas; on va le trouver. Regarde, nous sommes ici et nous voulons aller à...

GENEVIÈVE: ....

Name.. Section...................................... Date ....

SUZANNE: Tu vois; tu as trouvé l'arrêt sans grande difficulté. Y a-t-il une correspondance?

GENEVIÈVE: ....

SUZANNE: Tu as raison. Il y en a deux.

Dans le métro.

MATHIEU: Tiens, voilà des places. Asseyons-nous.

LAURENCE: ....

MATHIEU: J'ai acheté ma Carte Orange avant ton arrivée.

LAURENCE: ....

MATHIEU: C'est une carte mensuelle.

LAURENCE: ....

MATHIEU: Parce que je la trouve très pratique. Tout le monde peut en acheter une, même toi.

LAURENCE: ....

MATHIEU: Si tu ne restes à Paris qu'une semaine, achète une Carte Orange hebdomadaire.

PICTURE PERFECT

Answer the following questions about the pictures on pp. 116 and 117.

A. Quelle ville plaît à Charles?...

       à Margot?...

       à Gérard?...

       à Blanche?...

       à Gustave?...

       à Bernard?...

B. Décrivez les actions des deux amis:

   1. ....

   2. ....

   3. ....

   4. ....

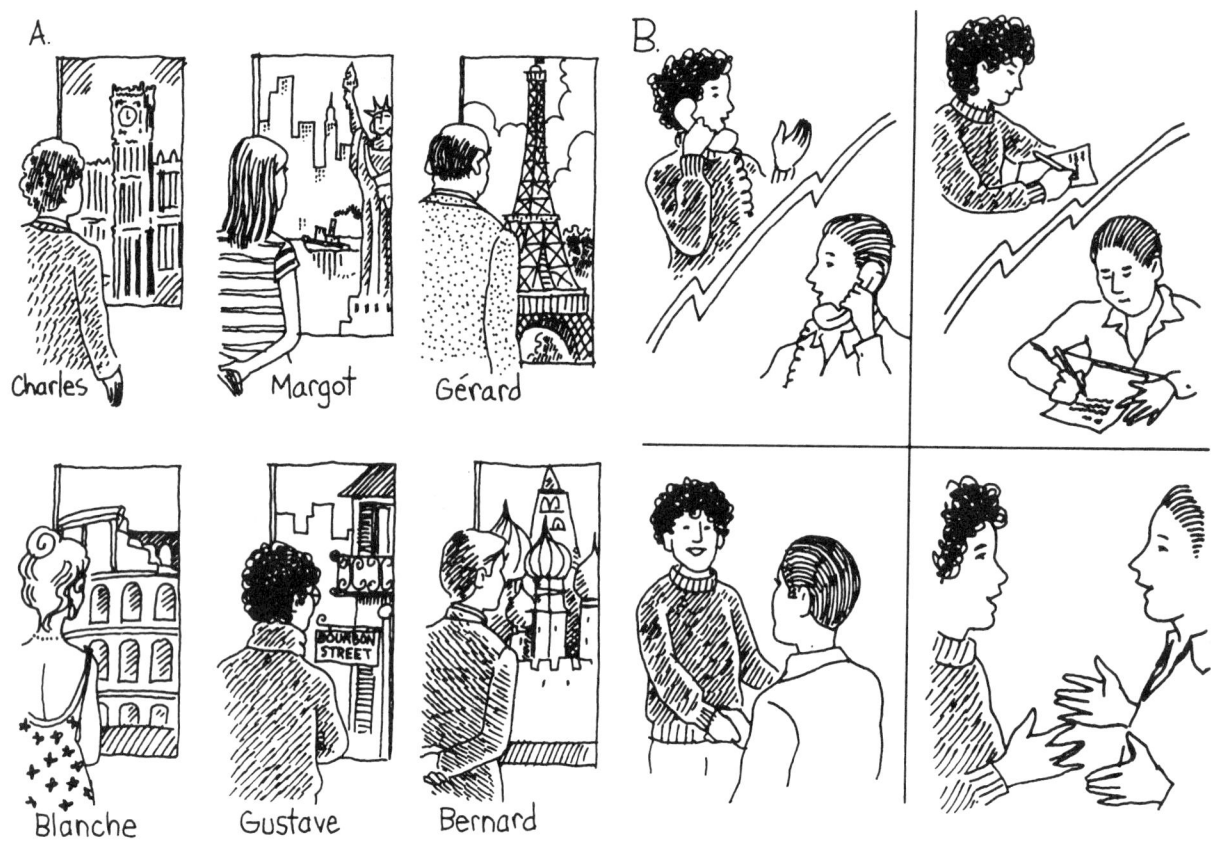

C. 1. Est-ce que chaque personne a la même Carte Orange?

   ....

   2. Est-ce que tout le monde a un carnet de seconde?

   ....

   3. Regardez les enfants. Est-ce que chacun s'est assis?

   ....

   4. Pourquoi est-ce que personne ne donne d'argent aux musiciens?

   ....

SITUATIONAL EXERCISE

What would you say in the following situations?

1. Someone asks you the difference between a Carte Orange and a carnet de seconde.
2. You want to purchase a book of first-class tickets.
3. You need to know if you must change subway trains to get from the station Louvre to the station Montmartre.
4. Someone asks why you and your friend always write to each other.
5. Your host (hostess) asks if you like Paris.
6. You need to find out why no one is boarding the train in the station.

AND NOW, IT'S YOUR TURN!

Act out the following situations with a partner.

1. A tourist trying to buy tickets in the subway.
2. Two people trying to use the subway map to figure out how to get from Notre-Dame to the Opéra.
3. Two friends who think they've lost their money.

DICTATION

....

....

....

....

....

Prenons le métro!

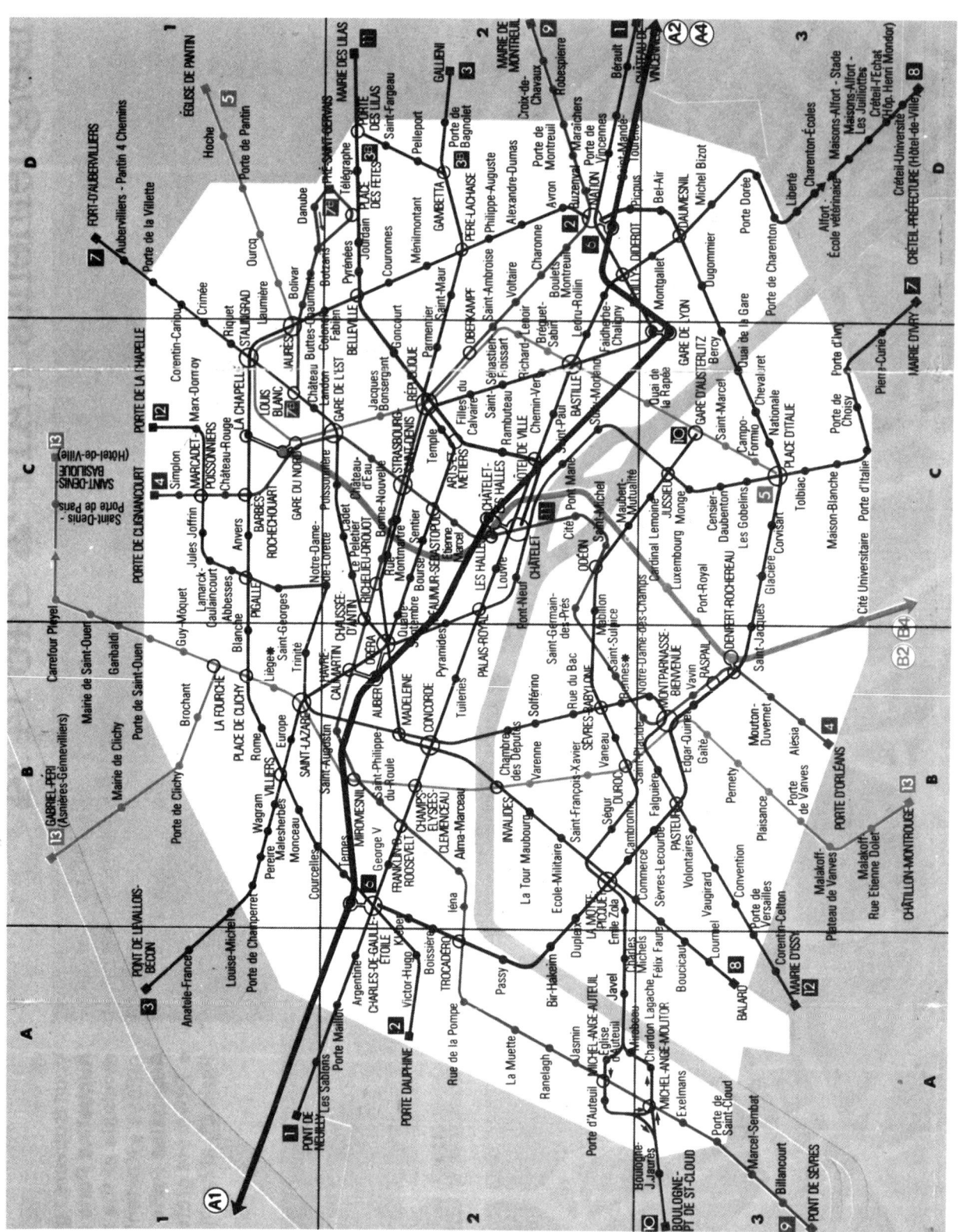

Name.. Section...................................... Date ....

CLASS ACTIVITY

The scene is a subway station. The class is divided into 4 groups: people selling tickets, people buying tickets, employees at an information booth, people asking directions at the information booth. Ticket sellers must make accurate change. Everyone uses the metro map on p. 118 to decide where to go and how to get there.

13

Une visite à Paris (*suite*)

Françoise et Thierry visitent Paris. Ils viennent de se retrouver le soir dans leur chambre d'hôtel.

FRANÇOISE: Où es-tu allé aujourd'hui, Thierry?
THIERRY: Je suis allé au Louvre òu j'ai vu la Joconde.
FRANÇOISE: N'as-tu rien vu d'autre?
THIERRY: Si, mais j'ai préféré ce tableau à tous les autres. Je l'ai regardé pendant au moins une demi-heure.
FRANÇOISE: Une demi-heure devant le même tableau! N'as-tu pas un peu exagéré, mon chéri?
THIERRY: Ne te moque pas de moi. Tu sais comment je suis quand j'aime quelque chose.
FRANÇOISE: Mais il y a d'autres choses à voir, tu sais.
THIERRY: Je le sais; je vais y retourner demain.
FRANÇOISE: As-tu assez d'argent pour y aller deux fois?
THIERRY: L'entrée était gratuite aujourd'hui.
FRANÇOISE: C'est vrai; l'entrée est gratuite le mercredi—et le dimanche aussi.
THIERRY: Nous avons assez parlé de moi. Où es-tu allée aujourd'hui?
FRANÇOISE: Moi, je suis montée dans un autobus pour aller à Notre-Dame...
THIERRY: Ah, tu as déjà découvert l'autobus.
FRANÇOISE: Pas vraiment. Je n'avais pas d'argent donc j'en suis vite redescendue.
THIERRY: Pourquoi n'as-tu pas utilisé ta Carte Orange?
FRANÇOISE: Parce qu'elle est uniquement pour le métro, n'est-ce pas?
THIERRY: Elle est valuable aussi pour l'autobus. Il suffit de la montrer au conducteur.
FRANÇOISE: Tant pis pour moi. Je la croyais uniquement destinée au métro.
THIERRY: Tu n'es pas rentrée à l'hôtel, j'espère?
FRANÇOISE: Non, non, j'ai pris le métro, j'ai visité Notre-Dame et je me suis promenée dans l'Ile St.-Louis.
THIERRY: As-tu aimé ta ballade?
FRANÇOISE: Enormément, c'était vraiment magnifique, Thierry. Je veux y retourner avec toi.
THIERRY: Quelle idée formidable! Je veux bien t'accompagner.
FRANÇOISE: Je n'ai pas tout vu; il nous reste des coins à découvrir ensemble.
THIERRY: Et viens au Louvre avec moi. Tu m'as manqué cet après-midi.
FRANÇOISE: Est-ce vrai?
THIERRY: Je suis resté si longtemps devant la Joconde parce qu'elle me faisait penser à toi. Restons ensemble demain.

* * *

A Visit to Paris (*cont'd.*)

Françoise and Thierry are visiting Paris. They have just met in their hotel room in the evening.

FRANÇOISE: Where did you go today, Thierry?
THIERRY: I went to the Louvre where I saw the Mona Lisa.
FRANÇOISE: Didn't you see anything else?
THIERRY: Yes, but I preferred that painting to all the others. I looked at it for at least a half hour.
FRANÇOISE: A half hour in front of the same painting! Didn't you exaggerate a little, darling?
THIERRY: Don't make fun of me. You know what I'm like when I like something.
FRANÇOISE: But there are other things to see, you know.
THIERRY: I know it; I'm going to return there tomorrow.
FRANÇOISE: Do you have enough money to go there twice?
THIERRY: It was free today.
FRANÇOISE: That's true; there's no entrance fee on Wednesdays—or Sundays either.
THIERRY: We've talked enough about me. Where did you go today?
FRANÇOISE: I got on a bus to go to Notre-Dame...
THIERRY: Ah, you've already disovered the bus.
FRANÇOISE: Not really. I didn't have enough money, so I got off quickly.
THIERRY: Why didn't you use your Orange Card?
FRANÇOISE: Because it's only (= uniquely) for the subway, isn't it?
THIERRY: It's valid for the bus, too. You have only to show it to the driver.
FRANÇOISE: Too bad for me. I thought it was meant only for the subway.
THIERRY: You didn't go back to the hotel, I hope?
FRANÇOISE: No, no, I took the subway, I visited Notre-Dame, and I went for a walk on the Ile St.-Louis.
THIERRY: Did you like your walk?
FRANÇOISE: Very much (= enormously), it was truly magnificent, Thierry. I want to go back (= return) there with you.
THIERRY: What a terrific idea! I'd like very much to go there with you (= to accompany you).
FRANÇOISE: I didn't see everything; there are still some places to discover together.
THIERRY: And come to the Louvre with me. I missed you this afternoon.
FRANÇOISE: Is that so (= true)?
THIERRY: I stayed so long in front of the Mona Lisa because she made me think of you. Let's stay together tomorrow.

VOCABULARY

NOUNS

l'aprés-midi (*m. & f.*) afternoon
la ballade walk
le coin corner
le conducteur driver
la demi-heure half hour
le dimanche Sunday
l'île (*f.*) island
la Joconde Mona Lisa
le Louvre Louvre Museum
le mercredi Wednesday
le tableau picture

VERBS

accompagner to accompany
destiner to be meant for
exagérer to exaggerate
manquer (*à quelqu'un*) to miss (*someone*)
préférer to prefer
redescendre to come down again
rentrer to return (*home*)
rester to remain
retourner to return
se moquer de to make fun of
se promener to walk
se retrouver to meet

ADJECTIVES

formidable terrific
gratuit(e) free
incroyable unbelievable
magnifique magnificent
stupéfiant(e) amazing
valable valid
vrai(e) true

USEFUL EXPRESSIONS

demain tomorrow
énormément enormously
ensemble together
longtemps a long time
quand when
si so, yes
tant pis too bad
uniquement uniquely
vraiment truly

Name.. Section...................................... Date ....

GRAMMATICAL STRUCTURE EXERCISES

A. Complete each of the following sentences with the negative form of the verb in parentheses. Use the *passé composé* each time.

1. Je .... au Louvre. (aller)

2. Il .... trois tableaux intéressants. (regarder)

3. Le professeur .... (exagérer)

4. Mon amie .... d'écrire. (promettre)

5. Martine et son mari .... à l'hôtel. (rentrer)

6. Le conducteur .... bonjour. (dire)

7. Nous .... notre Carte Orange. (utiliser)

8. Vous .... Jacques dans le métro. (voir)

9. Tu .... le Louvre sans difficulté. (trouver)

10. Elles .... l'Ile St.-Louis. (visiter)

B. Write the questions that would have elicited the following answers.

1. Oui, j'ai pris le métro pour aller au musée. ....

2. Non, je ne suis pas rentrée à l'hôtel. ....

3. Oui, elle est vite redescendue de l'autobus. ....

4. Non, elles n'ont pas montré la Carte Orange au conducteur. ....

5. Oui, on a vu beaucoup de choses à Paris. ....

C. Rewrite each of the following sentences replacing the italicized nouns with object pronouns. Remember to pay attention to the agreement of the past participle.

1. Elle a donné *son ticket au conducteur*.

....

2. Nous avons vu *nos amis dans l'autobus*.

....

123

3. Elle est restée *à Paris*.

   ....

4. Il a longtemps regardé *la Joconde au Louvre*.

   ....

5. Les deux hommes sont descendus *de l'autobus*.

   ....

6. Madeleine n'a pas utilisé *sa Carte Orange*.

   ....

7. L'artiste a montré *son tableau aux voyageurs*.

   ....

8. J'ai dit *à Paul* de rentrer immédiatement.

   ....

9. Nous voulons retourner *au musée*.

   ....

10. Il suffit de montrer *la Carte au conducteur*.

    ....

D. Rewrite each of the following sentences changing the verbs from the present tense to the imperfect tense.

1. Je pense souvent à toi. ....

2. Vous nous manquez pendant nos vacances. ....

3. Il y a un ticket de métro sur la table. ....

4. Elle est heureuse. ....

5. Ils regardent le tableau. ....

6. Nous allons souvent aux musées. ....

7. Tu exagères toujours. ....

8. Le conducteur n'a pas assez de tickets. ....

9. Mes amies se moquent de moi. ....

10. Je veux visiter Paris avec toi. ....

Name.. Section....................... Date ....

QUESTION-ANSWER EXERCISE

Answer each of the following questions with a complete sentence.

1. Etes-vous déjà allé au Louvre?

   ....

2. Pourquoi a-t-il regardé si longtemps la Joconde?

   ....

3. As-tu assez d'argent?

   ....

4. Quels jours l'entrée aux musées est-elle gratuite?

   ....

5. Quand tu étais petit(e), prenais-tu souvent le métro?

   ....

6. Où ta mère est-elle allée aujourd'hui?

   ....

7. Quelles autres choses y avait-il à voir à Paris?

   ....

8. Quand ton amie était à New York, a-t-elle vu le Brooklyn Bridge?

   ....

9. Pourquoi êtes-vous allés au musée?

   ....

10. Pourquoi ne m'as-tu pas dit d'acheter une Carte Orange?

    ....

11. Pourquoi n'est-elle pas montée dans l'autobus?

    ....

12. As-tu tout vu dans ta ville préférée?

    ....

13. Où êtes-vous allés aujourd'hui?

    ....

14. D'habitude comment répondait-il quand ses amis se moquaient de lui?

   ....

15. Combien de temps as-tu passé devant ce tableau?

   ....

16. Où ont-ils vu des journaux?

   ....

17. Quand vous étiez à Paris, dans quel coin habitiez-vous?

   ....

18. A-t-elle découvert de jolies choses chez elle?

   ....

19. Pourquoi l'entrée était-elle gratuite hier?

   ....

20. Pourquoi a-t-elle montré sa Carte au conducteur?

   ....

DIALOGUE COMPLETION

Using your imagination and the vocabulary learned in the chapter, complete the missing lines of these dialogues.

Dans l'autobus.

SERGE: ....

LE CONDUCTEUR: Oui, Monsieur. On utilise la Carte Orange aussi bien dans l'autobus que dans le métro.

SERGE: ....

LE CONDUCTEUR: Vous me la montrez. C'est tout.

Au musée.

CATHERINE: ....

L'EMPLOYÉ: Normalement ça coute 12 francs, mais aujourd'hui c'est gratuit.

CATHERINE: ....

L'EMPLOYÉ: Le musée ferme à 17 heures.

A l'hôtel.

CHANTAL: ....

Name.. Section....................... Date ....

PIERRE: Je suis allé au musée.

CHANTAL: ....

PIERRE: Oui, j'ai vu des tableaux vraiment magnifiques.

CHANTAL: ....

PIERRE: Je préfère ceux de Rubens.

CHANTAL: ....

PIERRE: Oui, tu m'as beaucoup manqué.

CHANTAL: ....

PIERRE: Quelle bonne idée. Allons visiter l'Ile St.-Louis ensemble.

CHANTAL: ....

PIERRE: Non, cette fois on va y aller en taxi.

PICTURE PERFECT

Answer the following questions about the pictures on p. 128.

A. 1. Combien coûte un ticket d'autobus?

   ....

   2. Pourquoi les gens montrent-ils la Carte Orange?

   ....

B. 1. Combien paient les adultes pour entrer dans le musée?

   ....

   2. Quel est le tarif d'étudiant?

   ....

   3. Est-ce que les enfants paient?

   ....

   4. Combien coûte l'entrée le mercredi?

   ....

C. 1. Comment Louise a-t-elle trouvé Notre-Dame?

   ....

Name.. Section...................................... Date ....

2. Comment a-t-elle trouvé l'Ile St.-Louis?

   ....

3. Comment Jean-Marie a-t-il trouvé le Louvre?

   ....

4. Comment a-t-il trouvé la Tour Eiffel?

   ....

SITUATIONAL EXERCISE

What would you say in the following situations?

1. Someone asks you how to use the Carte Orange on the bus.
2. You want to ask a museum guard how to find the Mona Lisa.
3. Your French friends ask what you think of Notre-Dame, the Eiffel Tower, and the subway system.
4. Someone asks you what the entrance fee is at the Louvre on Sundays.
5. You want to tell your friend that you missed him (her) and would like to visit some special places together.

AND NOW, IT'S YOUR TURN!

Act out the following situations with a partner.

1. A student without an ID card trying to convince the ticket seller to give him (her) a half-priced ticket.
2. A bus driver explaining to a passenger how much tickets cost.
3. A museum guard helping a visitor to find certain works of art.
4. A hotel guest asking the desk clerk how to get from the hotel to the museum by bus.

DICTATION

....

....

....

....

....

CLASS ACTIVITY

The classroom is transformed into a museum with four ticket windows and four entrances into the body of the museum. Two people work at each window and two more at each entrance. The remainder of the class is divided into four groups of museum visitors. Each person must purchase

Prenons l'autobus!

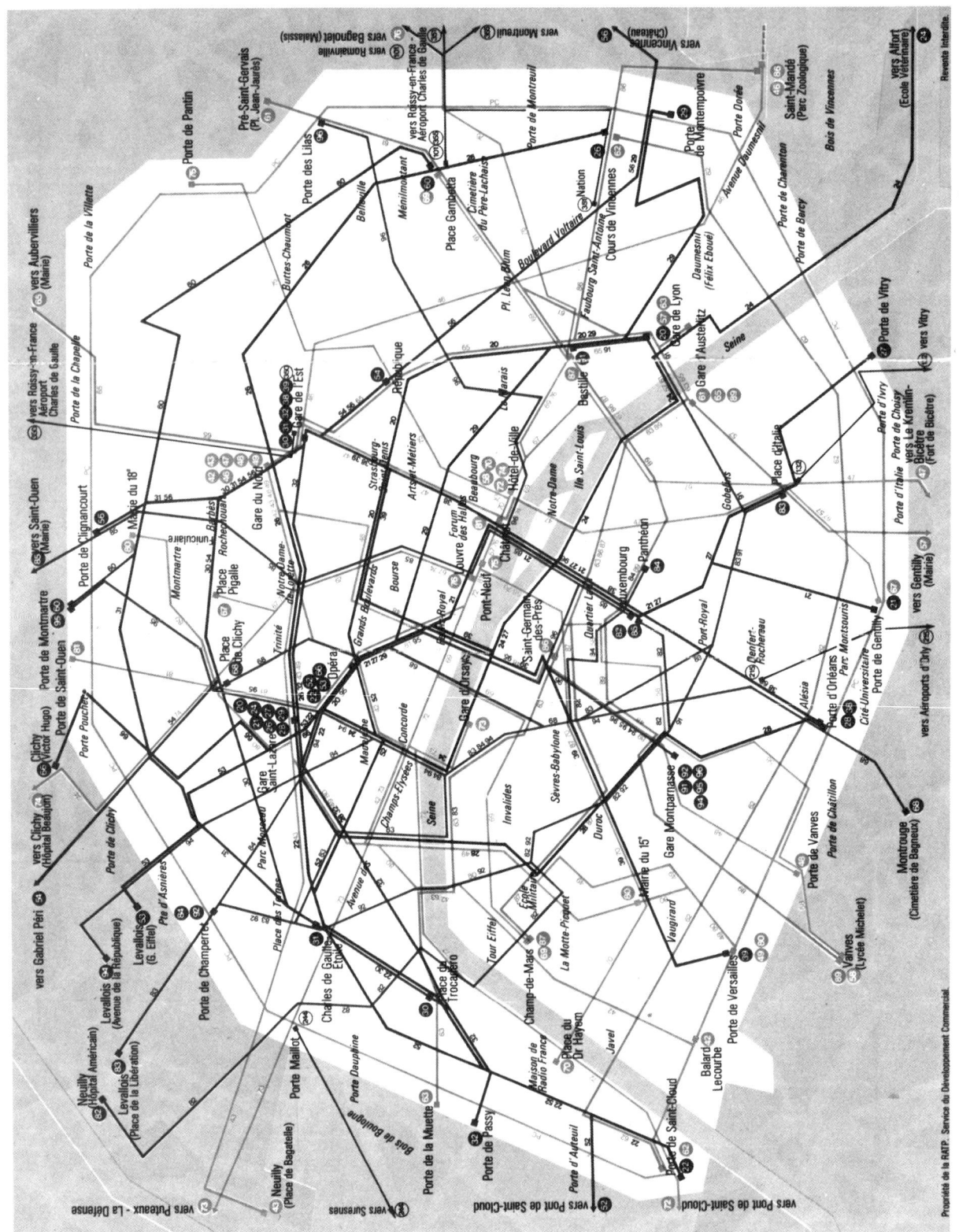

Name.. Section...................................... Date ....

the correct ticket, based on age, etc., and ask the guard at the entrance how to find two specific works of art. They must then follow the directions given and, as they leave, ask what is the number of the bus that will take them back to their hotel. Before giving an answer, the museum guard asks them what they think of the museum or a specific work of art. Then the persons tell the guard where their hotel is (wherever they choose in Paris—see map on pp. 24 and 25), and they consult the bus map on p. 130 to find the best way to get there.

14

Partir par le train ou en voiture

Deux amis veulent partir ensemble en vacances. Ils vont à la gare se renseigner sur les prix et les horaires des trains.

GÉRARD: Excuse-moi d'être en retard, Robert. Depuis combien de temps m'attends-tu?
ROBERT: Depuis dix minutes peut-être. Moi aussi, je suis arrivé avec un peu de retard.
GÉRARD: Allons directement nous renseigner. Il doit y avoir du monde aujourd'hui.

Au guichet.

ROBERT: Bonjour, Monsieur. Combien coûte un aller-retour en seconde à Rome?
L'EMPLOYÉ: 1.200 francs. Voulez-vous des couchettes? Les compartiments dans le wagon-lit sont pour les voyageurs en première.
ROBERT: Deux couchettes, une supérieure et une inférieure.
GÉRARD: Pendant que tu t'occupes de nos billets, je vais aller chez Avis.
ROBERT: D'accord. (*À l'employé.*) Combien est-ce que je vous dois?
L'EMPLOYÉ: Une couchette coûte 70 francs. Vous me devez donc 2.540 francs.
ROBERT: Voilà. Le départ est à quelle heure?
L'EMPLOYÉ: A 18 heures 40. Vous arrivez à Rome à 10 heures du matin.

Une demi-heure plus tard à l'agence de location de voitures.

GÉRARD: Je commençais à m'inquiéter, Robert. As-tu eu du mal à obtenir les billets?
ROBERT: Non, j'ai rencontré une amie. On a bavardé pendant un petit moment.
GÉRARD: Pendant que je t'attendais, j'ai consulté la liste des prix.
ROBERT: Louer une voiture pendant une semaine coûte cher, n'est-ce pas?
GÉRARD: Oui, mais au moins nous pouvons voyager librement à partir de Rome.
ROBERT: Depuis combien de temps étais-tu en Italie la dernière fois quand tu as enfin loué une voiture?
GÉRARD: Une semaine. Grâce à une offre spéciale, j'ai eu une boîte automatique et le kilométrage illimité à un prix très intéressant.
ROBERT: Allons demander s'ils ont des offres spéciales aujourd'hui. Tu n'en as pas reçu dans le courrier, par hasard?

* * *

Leaving by Train or by Car

Two friends want to leave together on vacation. They go to the station to get (= obtain) information on the prices and timetables of the trains.

GÉRARD: Excuse me for being late, Robert. How long have you been waiting for me?

ROBERT: About ten minutes maybe. I arrived a little late, too.
GÉRARD: Let's go directly to get our information. There must be a crowd today.

At the ticket window.

ROBERT: Good afternoon, sir. How much does a round-trip second-class ticket to Rome cost?
THE EMPLOYEE: 1,200 francs. Do you want sleeping berths? The compartments in the sleeping car are for first-class travelers.
ROBERT: Two sleeping berths, an upper and a lower.
GÉRARD: While you take care of our tickets, I'm going to go to Avis.
ROBERT: O.K. (*To the employee.*) How much do I owe you?
THE EMPLOYEE: A sleeping berth costs 70 francs. You therefore owe me 2,540 francs.
ROBERT: Here. The departure is at what time?
THE EMPLOYEE: At 6:40. You arrive in Rome at 10 A.M..

A half-hour later at the car-rental agency.

GÉRARD: I was beginning to worry, Robert. Did you have trouble getting the tickets?
ROBERT: No, I met a friend. We talked (= chatted) for a little while.
GÉRARD: While I was waiting for you, I looked at (= consulted) the price list.
ROBERT: Renting a car for a week is expensive, isn't it?
GÉRARD: Yes, but at least we can travel on our own (= freely) from Rome.
ROBERT: How long were you in Italy the last time before (= when) you finally rented a car?
GÉRARD: A week. Thanks to a special offer, I had an automatic shift and unlimited mileage at a very good (= interesting) price.
ROBERT: Let's ask if they have any special offers today. You didn't receive some in the mail, by any chance?

VOCABULARY

NOUNS

l'agence (de location de voitures) (*f.*) (car-rental) agency
l'aller-retour (*m.*) round-trip ticket
le billet ticket
la boîte automatique automatic shift
le compartiment compartment
la couchette berth
le départ departure
la gare station
l'horaire (*m.*) timetable
le kilométrage (illimité) (*unlimited*) mileage
l'offre (*f.*) offer
le train train
le wagon-lit sleeping car

VERBS

avoir du monde to be crowded
commencer to begin
consulter to consult
devoir to owe, must
louer to rent

partir to leave
recevoir to receive
s'excuser to excuse oneself
s'occuper de to take care of
se renseigner to obtain information

ADJECTIVES

automatique automatic
dernier(ère) last
illimité(e) unlimited
inférieur(e) lower
intéressant(e) interesting
supérieur(e) upper

USEFUL EXPRESSIONS

à partir de from
enfin finally
grâce à thanks to
librement freely
par hasard by chance
peut-être perhaps

GRAMMATICAL STRUCTURE EXERCISES

A. Ask the questions that would have elicited the following answers.

1. Ils s'inquiétait depuis un quart d'heure. ....

2. Je voyageais depuis une semaine. ....

Name.. Section...................... Date ....

3. Elle y pensait depuis le 14 juillet. ....

4. Nous parlions depuis quelques minutes. ....

5. L'employé vendait des billets depuis le début de la semaine. ....
....

6. Ils recevaient des cartes postales de leur fils depuis dimanche. ....
....

7. Je t'attendais depuis 20 minutes. ....

8. Les billets coûtaient 50 francs depuis 3 mois. ....

9. Elles lisaient tranquillement depuis midi. ....

10. Tu t'occupais de la voiture depuis 2 heures. ....

B. Complete each of the following sentences with the correct form of the verbs in parentheses. First, give them in the present tense, then, in the imperfect, then, in the *passé composé*.

1. Tu me .... beaucoup d'argent.   (devoir)

....
....

2. Elle .... des lettres de tous ses amis.   (recevoir)

....
....

3. On .... voyager en Italie.   (devoir)

....
....

4. J'........................... mon amie dans la gare.   (voir)

....
....

C. Complete the following paragraph with either the imperfect or the *passé composé* of the verbs in parentheses. If you use the *passé composé*, remember the agreement of past participles.

Gérard et Robert .... (aller) à la gare acheter des billets de train. Ils .... (vouloir) passer les vacances en Italie. Robert ....

(arriver) en retard; son ami l'.................... (attendre) depuis une heure. Il .... (s'excuser) et puis ils .... (aller) directement au guichet. Ils .... (acheter) deux billets de seconde avec couchettes. Puisqu'ils .... (vouloir) boire quelque chose, ils .... (aller) au restaurant de la gare ou ils .... (boire) et .... (bavarder) pendant une heure.

D. Complete each of the following statements using an appropriate verb and tense.

1. Depuis que nous parlons de notre voyage, je ....
2. Pendant que vous achetez des cigarettes, elle ....
3. Depuis que je loue une voiture pour nos vacances, nous ....
4. Pendant que tu demandais les prix, je ....
5. Depuis que je t'attends, cinq personnes ....
6. Pendant que l'employé vous vendait les billets, je ....

QUESTION–ANSWER EXERCISE

Answer each of the following questions in a complete sentence.

1. Depuis quand attendais-tu ton amie quand elle est arrivée?

   ....

2. Combien doit-il pour ses billets?

   ....

3. Pendant qu'elle était à la gare, combien de trains sont partis?

   ....

4. As-tu reçu des offres spéciales intéressantes dans le courrier aujourd'hui?

   ....

5. Depuis combien de temps bavardiez-vous avec l'employé de la gare quand il vous a montré le plan de la ville?

   ....

6. As-tu souvent voyagé en voiture?

   ....

7. Ont-ils loué une voiture à kilométrage illimité?

   ....

Name.. Section...................................... Date ....

8. Préférez-vous voyager dans le train ou en voiture?
   ....

9. Combien avons-nous payé les couchettes?
   ....

10. Quelle est la différence entre une couchette supérieure et une couchette inférieure?
    ....

11. Est-ce que vous devez acheter quelque chose?
    ....

12. Pendant combien de temps veut-il louer une voiture?
    ....

13. As-tu déjà loué une voiture?
    ....

14. Attendait-il à la gare quand son ami y est arrivé?
    ....

15. Quand on loue une voiture doit-on payer immédiatement la location?
    ....

16. La dernière fois, as-tu voyagé en première ou en seconde?
    ....

17. Avez-vous pu trouver des taxis à New York quand vous y étiez?
    ....

18. Pendant que Marie se renseigne sur les prix des trains, son amie va-t-elle acheter un journal?
    ....

19. Ont-ils vu ma sœur à la gare?
    ....

20. Avons-nous eu du mal à obtenir des billets?
    ....

DIALOGUE COMPLETION

Using your imagination and the vocabulary learned in the lesson, complete the missing lines of these dialogues.

A la gare.

MARCEL: ....

ALBERTINE: Pas depuis très longtemps. Peut-être 20 minutes.

MARCEL: ....

ALBERTINE: Nous devons aller au guichet 12 pour les acheter.

Au guichet.

L'EMPLOYÉE: ....

MARCEL: Nous avons besoin de deux aller-retours Paris-Nice.

L'EMPLOYÉE: ....

MARCEL: En seconde, s'il vous plaît.

L'EMPLOYÉE: ....

MARCEL: Si, si, j'ai oublié; deux couchettes aussi.

L'EMPLOYÉE: ....

MARCEL: Une supérieure pour ma femme, une inférieure pour moi.

A l'agence de location de voitures.

L'EMPLOYÉ: ....

ALBERTINE: Oui, Monsieur. Nous voulons louer une voiture à Nice.

L'EMPLOYÉ: ....

ALBERTINE: Une petite voiture à vitesses automatiques.

L'EMPLOYÉ: ....

ALBERTINE: Non, nous ne voulons pas payer au kilomètre. N'y a-t-il pas de kilométrage illimité?

L'EMPLOYÉ: ....

ALBERTINE: Nous allons la laisser à Nice à la fin de nos vacances.

L'EMPLOYÉ: ....

ALBERTINE: Très bien, Monsieur. Je vous signe un chèque.

Name.. Section............................... Date ....

PICTURE PERFECT

Answer the following questions about the pictures on p. 140.

1. Depuis combien de temps la dame attendait-elle quand son amie est entrée dans le restaurant?
   ....

2. Depuis quand Geneviève pensait-elle à ses vacances quand elle est allée chez l'agent de voyage?
   ....

3. Combien d'argent la famille Morin doit-elle à l'employé pour leurs billets?...........................
   ....

4. Est-ce que Henri achète quelque chose pendant que son ami paie les billets?........................
   ....

5. Quel prix est plus intéressant pour les voyageurs?...
   ....

6. Est-ce que les Hamier choisissent les wagons-lits ou les couchettes?...................................
   ....

SITUATIONAL EXERCISE

What would you say in the following situations?

1. Someone wants to know where to rent a car.
2. You want to tell your friend that you'll check on the time the train leaves while he (she) buys the tickets.
3. You want to rent a car with unlimited mileage.
4. Someone wants to know if it's possible to sleep in the train.
5. Someone wants to know how many classes of tickets there are for the train.

AND NOW, IT'S YOUR TURN!

Act out the following situations with a partner.

1. Someone purchasing a ticket for an overnight trip by train.
2. Someone renting a car for a weekend.
3. Someone explaining to a friend why he (she) is late for the meeting.

DICTATION

....

....

Name... Section...................................... Date ....

....

....

....

CLASS ACTIVITY

The class is divided into a railroad station (ticket windows) and a car-rental agency. These two locations are manned by however many employees are necessary, based on the number of students in the class. The remaining either purchase tickets or rent cars. They must try to obtain the very best prices based on the number of persons, their ages, length of trips, etc. At the end of the activity, students compare prices to find out who is the "smoothest talker" in the class.

15

A l'agence de voyage

M. Barat va chez son agent de voyage pour acheter des billets de voyage.

M. BARAT: Bonjour, Monsieur. Je voudrais faire un voyage au Canada en avril.
L'AGENT: A Montréal?
M. BARAT: Oui. J'irai ensuite en Nouvelle Ecosse. Je pense importer des produits de la région.
L'AGENT: Ce sera un voyage de combien de jours?
M. BARAT: Deux semaines. Il s'agit d'un voyage d'affaires à une foire internationale et puis quelques jours de vacances.
L'AGENT: Aurez-vous besoin de réservations d'hôtel?
M. BARAT: Pas à Montréal, mais vous pouvez me retenir une chambre qui donne sur la mer en Nouvelle Ecosse.
L'AGENT: Il vous faut cette réservation pour quelle date?
M. BARAT: Le 25 avril. Je partirai pour Montréal le 19.
L'AGENT: Je crois qu'il y a un vol direct Paris–Montréal le 19 à midi.
M. BARAT: Ça sera parfait. Savez-vous ce qu'on fait pour louer une voiture au Canada?
L'AGENT: Je pourrais le faire pour vous. Il nous faudra votre permis de conduire et une carte de crédit.
M. BARAT: Excellent. Est-ce qu'il y a des prix spéciaux qui pourraient m'intéresser?
L'AGENT: Pas pour la voiture, mais je vous conseille de payer le billet d'avion le plus tôt possible.
M. BARAT: Pourquoi? Est-ce que les prix vont augmenter bientôt?
L'AGENT: Oui, et les économies que vous réaliserez si vous payez aujourd'hui défrayeront nettement la location de voiture.
M. BARAT: Je voudrais bien profiter de ce prix avantageux. Cela vaut bien la peine de payer d'avance.
L'AGENT: Dès que je recevrai la confirmation de votre billet, je vous l'enverrai.
M. BARAT: Merci, mais je n'ai pas confiance en la poste. Je viendrai le chercher moi-même.
L'AGENT: Très bien, Monsieur. Je vous souhaite un très agréable voyage.

* * *

At the Travel Agency

Mr. Barat goes to the travel agent to buy tickets for a trip.

MR. BARAT: Good morning, sir. I would like to take a trip to Canada in April.
THE AGENT: To Montreal?
MR. BARAT: Yes. I'll go afterwards to Nova Scotia. I'm thinking about importing some products from the area.
THE AGENT: This will be a trip of how many days?
MR. BARAT: Two weeks. It's (a question of) a business trip to an international exposition and then a few days of vacation.

THE AGENT:	Will you need hotel reservations?
MR. BARAT:	Not in Montreal, but you can reserve me a room overlooking the sea in Nova Scotia.
THE AGENT:	You'll need this reservation for what date?
MR. BARAT:	April 25th. I'll leave for Montreal on the 19th.
THE AGENT:	I believe there's a direct flight from Paris to Montreal at noon on the 19th.
MR. BARAT:	That will be perfect. Do you know how you rent (= what one does to rent) a car in Canada?
THE AGENT:	I can do it for you. We'll need your driver's license and a credit card.
MR. BARAT:	Excellent. Are there any special prices that could interest me?
THE AGENT:	Not for the car, but I advise you to pay for the plane ticket (at) the earliest possible (moment).
MR. BARAT:	Why? Are the prices going to increase soon?
THE AGENT:	Yes, and the savings that you'll make (= realize) if you pay today will sharply cut the cost of (= defray) the car rental.
MR. BARAT:	I'd very much like to take advantage of such a good (= this beneficial) price. It's worth the bother of paying in advance.
THE AGENT:	As soon as I receive confirmation of your ticket, I'll send it to you.
MR. BARAT:	Thank you, but I don't have confidence in the post office. I'll come to get it myself.
THE AGENT:	Very good, sir. Have (= I wish you) a very pleasant trip.

VOCABULARY

NOUNS

l'affaire (f.) business
l'agence (de voyage) (f.) (travel) agency
le billet de voyage travel ticket
la confirmation confirmation
les économies (f. pl.) savings
la foire fair
la location rental
la mer sea
la peine the trouble
la poste mail
le produit product
la région region
la réservation reservation
le vol flight
le voyage trip

VERBS

augmenter to increase
conseiller to advise
défrayer to defray
donner sur to overlook
importer to import

intéresser to interest
réaliser to realize
retenir to reserve
s'agir de to be a question of
souhaiter to wish
valoir to be worth

ADJECTIVES

agréable pleasant
avantageux(se) advantageous
direct(e) direct
international(e) international
parfait(e) perfect

USEFUL EXPRESSIONS

bientôt soon
d'avance in advance
dès que as soon as
ensuite next
midi noon
nettement sharply

GRAMMATICAL STRUCTURE EXERCISES

A. **Complete each of the following sentences with the future tense of the verbs in parentheses.**

1. Nous .... à une foire internationale en avril. (assister)

2. Il .... la date de son départ demain. (connaître)

3. Vous .... un voyage agréable. (avoir)

4. Tu .... mon agent de voyages. (voir)

5. ....-il contacter Monique demain? (Falloir)

Name.. Section........................... Date ....

6. .... un vol direct le 12 mars. (il y a)

7. Ils .... deux chambres à l'hôtel. (retenir)

8. Il .... à New York bientôt. (être)

9. Je ne .... pas avant le premier mai. (savoir)

10. Elles .... me téléphoner ce soir. (devoir)

B. Complete the following table.

INFINITIF	JE	TU	IL/ELLE/ON	NOUS	VOUS	ILS/ELLES
inviter						
	avais choisi					
		avais rendu				
			était allé(e)			
				avions refait		
					aviez peint	
						avaient craint

C. Complete the following paragraph with the relative pronouns *qui, que, ce qui, ce que*.

Savez-vous .... j'ai fait hier? Je suis allé chez mon agent de voyage .... m'a conseillé d'aller au Maroc. J'ai choisi un hôtel .... ne coûte pas cher et .... l'agent m'a recommandé. Les économies .... je réaliserai vont me payer le voyage. Dites-moi .... peut être plus agréable que cela.

QUESTION-ANSWER EXERCISE

Answer each of the following questions in a complete sentence.

1. Voudrais-tu contacter un agent de voyage?

   ....

2. Est-ce que la chambre que vous me réservez donne sur la mer?

   ....

3. S'agit-il d'un voyage qui coûtera cher?

   ....

4. Sais-tu si les prix augmenteront bientôt?

   ....

5. Pendant combien de jours voyagerez-vous?

   ....

6. Auriez-vous un autre agent que nous pourrions contacter?

   ....

7. Pourrait-elle nous indiquer la date exacte de son départ?

   ....

8. Saurons-nous demain qui ira à Bruxelles?

   ....

9. Voudriez-vous profiter de ces prix spéciaux?

   ....

10. Pourquoi nous conseille-t-il d'acheter nos billets aujourd'hui?

    ....

11. Quand feras-tu un grand voyage?

    ....

12. Sais-tu ce qu'il faut faire pour louer une voiture?

    ....

13. Me souhaiteras-tu un très agréable voyage?

    ....

14. Où voudraient-ils aller en été?

    ....

15. Irons-nous à Toronto ou à Montréal?

    ....

16. Voudriez-vous profiter de ma voiture pour partir?

    ....

17. Quand saurons-nous ce que nous ferons pendant le week-end?

    ....

Name.. Section.. Date ....

18. Est-ce que cela vaut la peine de voyager en France?

    ....

19. Ne faudra-t-il pas téléphoner à une agence de voyage pour confirmer le prix de l'avion?

    ....

20. Où ira-t-on en avril?

    ....

DIALOGUE COMPLETION

Using your imagination and the vocabulary learned in the lesson, complete the missing lines of this dialogue.

A l'agence de voyage.

L'AGENT: ....

MLLE HÉNIN: Je voudrais savoir ce qu'un voyage au Canada me coûtera.

L'AGENT: ....

MLLE HÉNIN: Je n'aurai pas la date exacte avant la semaine prochaine.

L'AGENT: ....

MLLE HÉNIN: Non, je voyagerai avec une amie.

L'AGENT: ....

MLLE HÉNIN: Nous voudrions arriver à Montréal et aller plus tard à Toronto.

L'AGENT: ....

MLLE HÉNIN: Oui, oui. Nous aimerions profiter d'une offre spéciale.

L'AGENT: ....

MLLE HÉNIN: Je crois que nous pourrions partir le week-end pour en profiter.

L'AGENT: ....

MLLE HÉNIN: Oui, nous aurons aussi besoin d'une chambre d'hôtel.

L'AGENT: ....

MLLE HÉNIN: Cinq jours à Montréal et puis nous voudrions passer trois jours à Toronto.

L'AGENT: ....

MLLE HÉNIN: Une chose de plus. Nous ne voudrions pas de chambre qui donne sur la rue. Il nous faudra quelque chose de tranquille.

L'AGENT: ....

MLLE HÉNIN: Merci bien. Je vous téléphonerai dès que nous aurons une date exacte.

L'AGENT: ....

MLLE HÉNIN: Oui, je le ferai le plus vite possible; il faut profiter de ces prix avantageux.

L'AGENT: ....

MLLE HÉNIN: Merci, mais je viendrai les chercher à l'agence.

PICTURE PERFECT

Answer the following questions about the pictures on page 149.

A. 1. Où vont Thierry et François?

   ....

   2. Pourquoi vont-ils à l'agence?

   ....

   3. Où veulent-ils aller?

   ....

   4. Où se trouve Montréal?

   ....

   5. Quel jour voudraient-ils y aller?

   ....

B. 1. Quelle question pose Thierry?

   ....

   2. A quelle heure partira l'avion?

   ....

   3. Quelle est la réaction de François?

   ....

C. 1. Où sont François et Thierry?

   ....

2. Combien de valises ont-ils?

   ....

3. Ont-ils oublié quelque chose?

   ....

4. Quel jour sommes-nous?

   ....

5. Quand a-t-on augmenté les prix?

   ....

SITUATIONAL EXERCISE

What would you say in the following situations?

1. You are a travel agent. You want to warn two clients that they will have trouble finding a hotel room in Paris in June.
2. You are a travel agent. You want to tell your clients that plane tickets are going to increase in price very soon and that they should hurry to buy them.
3. You are a travel agent. You want to explain to a client that by taking advantage of a special offer on plane fares he (she) can cover the cost of two days in the hotel.
4. You are talking to your travel agent. Tell him (her) that as soon as he (she) calls you back, you will send a check by mail.
5. You are talking to your travel agent. Tell him (her) you don't trust the mail, so you'll come to pick up the tickets yourself.
6. You are talking to your travel agent. Ask him (her) for a room overlooking the sea.
7. Your friend has been offered a chance to go to Geneva for the weekend. Tell him (her) to take advantage of the offer.

AND NOW, IT'S YOUR TURN!

Act out the following situations with a partner.

1. A travel agent and a client discussing travel arrangements.
2. Two people making travel plans.

DICTATION

....

....

....

....

....

Name... Section..................................... Date ....

CLASS ACTIVITY

Set up several travel agencies manned by two or three agents in the classroom. The rest of the students will be clients. They ask all the necessary questions about flight schedules, etc., and explain where they would like to go and why. The agents mention as many special offers as possible and encourage the clients to confirm their plans as soon as possible because prices will increase shortly.

READING FOR CONTENT

Lisons le journal.

Sports en bref

RUGBY

● SANCTIONS. La commission de contrôle du challenge Du-Manoir a pris des sanctions après les incidents qui ont marqué la récente finale Agen-Toulon: exclusion avec sursis pour le R. C. Toulon, suspension pour les Toulonnais Fargues et B. Gallion (quatre matches), Champ et Diaz (trois matches).

MOTOCYCLISME

● TOURNADRE. FRACTURE DE LA CLAVICULE DROITE. Jean-Louis Tournadre, champion du monde en titre des 2500 cc, ne souffre pas d'une fracture de la main droite, comme annoncé initialement, mais de fractures à la clavicule droite et au gros orteil droit après sa chute au Grand Prix de Yougoslavie. Il sera indisponible trois semaines environ.

BOXE

● ANGULO DEGOUTE MUNDINE. Battu par K.-O. au 5e round par le Bordelais Rufino Angulo, L'australien Tony Mondine a décidé d'arrêter la competition lundi soir à Coubertin.

CYCLISME

● MIDI LIBRE. Départ du Grand Prix du «Midi Libre», aujourd'hui à Décazeville (prologue contre la montre individuel sur 4 km). Arrivée dimanche prochain à Saint-Cyprien. Quelques favoris: les Français Bernaudeau (vainqueur ces trois dernières années), Duclos-Lassalle, Laurent, le Britannique Millar, l'Irlandais Roche, le Danois Andersen, les Néerlandais Zoetemell et Kuiper, l'Espagnol Gorospe et les Belges Criquiélion et Vandenbroucke.

TIR

● MANJOT CHAMPION DU MONDE. A Porto (Portugal), le Français Michel Manjot a remporté le titre mondial de parcours de chasse devant son compatriote Michel Riboulet et le Britannique J. Smith. Chez les dames, la Française Claude Meng s'est classée deuxième derrière la Britannique A. Hillyer.

C'EST JUSTE OU C'EST FAUX

Read each statement and write *J* or *F* according to what you read in the sports announcements.

1. Des incidents ont marqué la finale Agen-Toulon. _____
2. Fargues est un membre de la commission de contrôle. _____
3. Champ et Gallion ont la même période de suspension. _____

4. Tournadre souffre d'une fracture de la main droite. ____

5. J.-L. Tournadre est champion du monde en titre des 250 cc. ____

6. Tournadre habite en Yougoslavie. ____

7. Mundine a battu Angulo. ____

8. Angulo a arrêté la compétition après le 3e round. ____

9. Le départ du Grand Prix est à Saint-Cyprien. ____

10. Le favori danois est Criquiélion. ____

11. Bernaudeau est le vainqueur de ces trois dernières années. ____

12. Il y a deux favoris belges. ____

13. Michel Manjot a remporté le titre mondial de parcours de chasse chez les dames. ____

14. A. Hillyer est française. ____

Name.. Section...................................... Date ....

LESSONS 11–15　　　　　　　　　　**VOCABULARY REVIEW**

A. Circle the word or phrase that does not belong in each group.

1. entrevue, rendez-vous, chiffre
2. changement, semaine, correspondance
3. en première, souvent, en seconde
4. suffire de, monter dans, redescendre
5. France, Montréal, Bruxelles
6. sympathique, pauvre, gentil
7. erreur, travail, métier
8. formidable, magnifique, gratuit
9. consulter, louer, se renseigner
10. falloir, réaliser, faire
11. ticket, carte, billet
12. avoir hâte, se dépêcher, exister
13. longtemps, une demi-heure, uniquement
14. aller-retour, annonce, billet
15. retenir, falloir, devoir
16. ordinateur, champagne, livre de compte
17. destination, sac, portefeuille
18. hebdomadaire, incroyable, mensuel
19. départ, train, voiture
20. il s'agit de, dès que, bientôt

B. Circle the appropriate word or phrase in order to complete each of the following sentences. Then read the sentence aloud.

1. Je me suis lavé (la chance, les cheveux, le champagne)
2. Elle est (exacte, parisienne, impatiente) de voir la ville.
3. Nous avons fait (une ballade, un autobus, une demi-heure) ensemble.
4. L'agent de voyage (consulte, perd, bavarde) notre argent.
5. Les voyageurs veulent (avoir confiance en, faire des économies, donner sur).
6. Le secrétaire (devient, se passe, vérifie) le certificat.
7. Avez-vous regardé (le journal, le musée, le plan) du métro?
8. Ses amies ne (s'oublient, se moquent, se retrouvent) pas d'elle.
9. Elle demande une (couchette, annonce, arrêt) en seconde.
10. Le monsieur a assisté à une foire (internationale, pâle, possible).
11. Vous avez obtenu un certificat (sympathique, avancé, pâle).
12. Je n'ai pas (expliqué, perdu, écrit) mon portefeuille.
13. Nous désirons louer une voiture à kilométrage (illimité, gentil, possible).
14. Mon ami va acheter un (poste, aller-retour, rendez-vous) à la gare.
15. On a passé (la côte, l'agence, le week-end) au Maroc.
16. Comment s'est passé votre (fatigue, comptable, entrevue)?

17. As-tu laissé ton ticket (quelque part, quelqu'un, quelque chose) ici?
18. Elle veut (redescendre, acheter, préférer) un ticket.
19. L'agent (se renseigne, s'occupe, se lave) des voyageurs.
20. Chez Avis on offre des (prix, intérêts, coins) spéciaux.
21. Ce soir nous allons (remplir, boire, croire) du champagne.
22. Les changements sont (faciles, tranquilles, hebdomadaires) à faire.
23. Nous avons fait une ballade (magnifique, gênante, gratuite).
24. Allons nous renseigner (à pied, là-bas, à côté de) ce monsieur.
25. Les touristes ont (profité, conseillé, loué) des offres spéciales.
26. Jean-Didier a présenté un dossier (avancé, complet, pâle).
27. Nous avons une carte (fixe, mensuelle, facile) du métro.
28. Pourquoi êtes-vous (destiné, redescendu, manqué) de l'autobus?
29. A-t-elle (après-midi, aller-retour, rendez-vous) avec Thierry?
30. Jeanine a promis de (s'excuser, valoir, défrayer) de son retard.
31. Mes yeux ne (boivent, emplissent, se fatiguent) pas facilement.
32. Elle descend au prochain (musée, arrêt, kiosque) du métro.
33. Avez-vous montré votre Carte Orange au (tableau, billet, conducteur)?
34. Nous avons voyagé (en première, peut-être, depuis).
35. Cette ville est très (intéressante, directe, exacte).
36. Mon (chéri, chapeau, champagne), ne te fatigue pas.
37. Vous avez mis l'argent dans votre (portefeuille, transport, moment).
38. Avez-vous vu (assez de, au moins, enfin) tableaux?
39. Nous avons déjà obtenu l(e) (voyage, horaire, coin) des trains.
40. A-t-elle fait son (choix, chiffre, salon)?

C. Match the items in column A with those in column B. Then read the sentences aloud.

A	B
1. J'ai obtenu un certificat	___ les cheveux.
2. Vous êtes très pâle.	___ Tu m'as beaucoup manqué.
3. C'est le bon moment;	___ Il cherche un poste.
4. Ils viennent d'acheter	___ est gratuite.
5. Victor part ce soir;	___ une voiture à kilométrage illimité.
6. Il s'est lavé	___ dans le musée
7. Nous avons vu beaucoup de tableaux	___ il n'y a personne devant le guichet.
8. Je ne t'ai pas vu hier.	___ Vous ne faites pas d'économies.
9. Nous préférons	___ à une foire internationale.
10. Nous voulons profiter	___ avancé.
11. J'aime beaucoup les chiffres.	___ découvrir la ville.
12. Elle a acheté un carnet de seconde	___ un aller-retour
13. Nous nous sommes promenés ensemble hier	___ des offres spéciales.
14. Avez-vous jamais voyagé	___ Etes-vous fatigué?
15. Nous avons assisté	___ les prix vont augmenter.
16. Mon ami n'a pas de travail.	___ Notre ballade était formidable.
17. Nous avons hâte de	___ Il passe le week-end à Lyon
	___ Je vais devenir comptable.

Name.. Section..................................... Date ....

18. Aujourd'hui, l'entrée ____ en première.
19. Vous perdez votre argent ____ pour voyager dans le métro.
20. Au mois de juin

D. **Write the following words or phrases in French in the blanks provided. What expression is formed vertically?**

1. we replace   _ _ _ _ _   _ _ _ _ _ _ _|_|_ _ _
2. soon   _ _|_|_ _ _ _
3. ticket   _ _ _|_|_ _
4. things   _ _ _ _|_|_ _
5. quickly   _|_|_ _ _
6. pale   _|_|_ _
7. car   _ _ _ _|_|_ _
8. unlimited   _ _ _ _ _ _|_|_
9. to dress   _ _ _ _ _ _|_|_
10. walk   _|_|_ _ _ _ _
11. perfect   _|_|_ _ _ _ _
12. to forget   _ _ _ _ _|_|_
13. calm   _ _ _ _ _|_|_ _
14. moment   _ _ _|_|_
15. on foot   _ _|_|_

155

E. *Mots Croisés.* (Lessons 11–15). Use the clues provided below to complete the crossword puzzle.

HORIZONTAL

1. 7, c'est un ___
2. j'ai reçu une petite ___
3. un changement dans le métro
4. une promenade
5. gentil
6. French for *computer*
7. Avez-vous montré votre Carte Orange au ___ ?
8. French for *to be meant for*
9. Il va ___ trois voitures.
10. descendre encore une fois
11. French for *and*
12. être présent à
13. revenir
14. professions
15. French for *to forget*
16. Je veux ___ comptable.
17. Marie ne perd pas son argent; elle fait des ___ .
18. French for *to exaggerate*
19. un vin
20. parler
21. Allons ___ au guichet 7.
22. un petit livre
23. s'habiller sans décoration, s'habiller ___
24. un poste important
25. Ma sœur manque de patience; elle est ___ .
26. French for *to use*
27. Paris est une ___ .
28. On achète un journal au ___ .
29. Voulez-vous ___ ces fiches.
30. Votre réponse est ___ importante.
31. Je mets mon argent dans mon ___ .
32. Elle consulte l'___ du train.
33. Nous expliquons, tu ___ .
34. J'achète un ___ au kiosque.
35. French for *to see*
36. sympathique
37. se rendre compte
38. retrouver
39. seulement

VERTICAL

1. Bonsoir, mon ___
2. On pose sa ___ pour un poste.
3. sans couleur
4. aimer mieux
5. Il y a des fleurs dans le ___ .
6. Ce film m'intéresse; il est ___ .
7. Le prix n'est pas correct; c'est une ___ .
8. des rendez-vous
9. Les gens mettent leurs affaires dans des ___ .
10. C'est une bonne ___ .
11. Nous partons en ___ .
12. French for *to believe*
13. On achète un ticket au ___ .
14. un coupon de métro valable une semaine
15. poser
16. Ce n'est pas une erreur; vous avez ___ .
17. French for *to receive*
18. On met des ___ sur la tête.
19. un poste
20. French for *soon*
21. Je ne trouve pas mon portefeuille; est-ce que je l'ai ___ ?
22. sept jours
23. faire de son ___
24. Elles habitent Paris; elles sont ___ .
25. regarder
26. formidable
27. Je donne une explication; j'___ .
28. French for *to import*
29. uniquement
30. ___ illimité
31. kilométrage ___
32. Je vais ___ la liste.
33. Elle a fumé 5 ___ .
34. Notre ballade m'a beaucoup plu; elle m'a plu ___ .
35. Je cherche du ___ .
36. L'___ au musée est gratuit aujourd'hui.

Name.. Section.................................... Date ....

16

Rendons visite

Martine et Guillaume rendent visite à des amis chez qui ils sont invités à dîner avec beaucoup d'autres jeunes étudiants. Ils viennent d'arriver.

GUILLAUME: Salut, les copains. Comment va tout le monde?
UN AMI: Salut, vous deux. Ça fait un bon moment que l'on ne vous a pas vus; on craignait ne jamais vous revoir.
GUILLAUME: Nous venons de passer trois semaines en Angleterre.
UNE AMIE: Mais pourquoi en cette saison?
MARTINE: Nous avions promis d'y aller la dernière fois que ma copine anglaise nous a rendu visite.
GUILLAUME: Et les vacances d'hiver ne sont pas désagréables à Londres.
UNE AMIE: Allons! A table! Est-ce que quelqu'un a apporté du vin?
MARTINE: Moi. Il est dans la cuisine.

En même temps, les parents de Guillaume rendent visite à de nouveaux amis.

MME GUILARD: Est-ce qu'ils habitent la maison dont vous m'avez parlé l'autre jour?
M. GUILARD: Oui, c'est celle qui était à vendre pendant des mois. La voilà.

Quelques minutes plus tard, dans la maison. Ils boivent l'apéritif.

MME GUILARD: Quelle jolie maison! C'est si spacieux.
MME MANCHON: Merci. Nous avons tout refait nous-même.
M. MANCHON: Oui, c'est moi qui ai repeint les murs et les meubles de la cuisine.
M. GUILARD: Est-ce qu'il y a un jardin?
MME MANCHON: Un énorme jardin au delà duquel il y a même un petit étang.
M. GUILARD: Quelle chance. Je voudrais bien tout voir.
M. MANCHON: Est-ce que je pourrais encore vous offrir du whisky?
MME GUILARD: Un tout petit peu, merci.
MME MANCHON: Moi, aussi, chéri, et puis nous allons nous mettre à table.

* * *

Let's Visit

Martine and William are visiting some friends to whose house they've been invited for dinner with a lot of other young students. They've just arrived.

WILLIAM: Hi, pals! How's everybody?
A FRIEND: Hi, both of you. It's been a long time since anyone has seen you; we were afraid we'd never see you again.

WILLIAM: We've just spent three weeks in England.
A FRIEND: But why during this season?
MARTINE: We had promised to go there the last time that my English pal came to visit us.
WILLIAM: And winter vacation isn't unpleasant in London.
A FRIEND: Come on! (= Let's go!) To the table! Did someone bring some wine?
MARTINE: I did. (= Me.) It's in the kitchen.

At the same time, William's parents are visiting some new friends.

MRS. GUILARD: Do they live in the house about which you were talking to me the other day?
MR. GUILARD: Yes, it's the one that was for sale for months. There it is.

A few minutes later, in the house. They are drinking a cocktail before dinner.

MRS. GUILARD: What a pretty house. It's so spacious.
MRS. MANCHON: Thank you. We've redone everything ourselves.
MR. MANCHON: Yes, I (= it's I who) repainted the walls and the kitchen furniture.
MR. GUILARD: Is there a yard?
MRS. MANCHON: An enormous yard beyond which there is even a little pond.
MR. GUILARD: What luck. I'd like to see everything.
MR. MANCHON: May I offer you another whiskey?
MRS. GUILARD: A little bit, thank you.
MRS. MANCHON: Me, too, darling, and then we'll go to the table.

VOCABULARY

NOUNS

l'apéritif aperitif
le copain (la copine) pal
la cuisine kitchen
l'étang (*m.*) pond
l'hiver (*m.*) winter
la maison house
le meuble piece of furniture
le mur wall

VERBS

craindre to fear
promettre to promise
refaire to redo

repeindre to repaint
revoir to see again

ADJECTIVES

anglais(e) English
désagréable disagreeable, unpleasant
énorme enormous
spacieux(se) spacious

USEFUL EXPRESSIONS

en même temps at the same time
rendre visite à to visit someone
salut! hi!
tout le monde everyone

GRAMMATICAL STRUCTURE EXERCISES

A. **Complete each of the following sentences with the correct form of the relative pronoun, object of the preposition.**

1. Voilà la maison .... je t'ai parlé.

2. J'ai vu une maison près de .... il y a un étang.

3. Mlle Ormond est l'agent à .... nous avons téléphoné.

4. Regarde cette belle maison derrière .... il y a un jardin magnifique.

5. La femme .... la maison est à vendre est mon amie.

Name.. Section.................................... Date ....

B. Complete each of the following sentences with an appropriate disjunctive pronoun.

1. Toi et ...., nous allons voyager en Angleterre.

2. La maison sera à .... si vous offrez un bon prix.

3. Ce n'est pas .... qui suis allé à Londres.

4. Attention, ..., tu bois trop de vin.

5. C'est à .... de décider si nous invitons ou non les Peyrefitte à la maison.

C. Complete the following table.

INFINITIF	JE	TU	IL/ELLE/ON	NOUS	VOUS	ILS/ELLES
inviter						
	avais choisi					
		avais rendu				
			était allé(e)			
				avions refait		
					aviez peint	
						avaient craint

QUESTION-ANSWER EXERCISE

Answer each of the following questions in a complete sentence.

1. Est-ce que vous dînez souvent chez vos copains?

   ....

2. Toi, est-ce que tu aimes le vin?

   ....

3. Craint-il quelque chose?

   ....

4. Pourquoi avait-elle promis d'aller à Londres?

   ....

5. Lui et son ami, vont-ils souvent en Angleterre?

   ....

6. Pourquoi n'aimes-tu pas repeindre la maison?

   ....

7. As-tu vu la maison au delà de laquelle il y a un étang?

   ....

8. Est-ce que c'est lui qui a apporté du vin?

   ....

9. Quels meubles veut-elle repeindre?

   ....

10. Pourquoi as-tu bu trop de vin quand je t'avais déjà dit d'y faire attention?

    ....

11. Craignent-elles de ne plus revoir leurs parents?

    ....

12. Où est la maison dont tu m'as parlé hier?

    ....

13. As-tu offert du whisky à tout le monde?

    ....

14. Toi et ta copine, allez-vous inviter du monde ce soir?

    ....

15. Quand ont-ils refait la maison?

    ....

16. As-tu réussi à refaire le meuble dont tu m'avais parlé la dernière fois que je t'ai vu?

    ....

17. Est-ce que cette maison énorme est à vous deux?

    ....

18. Est-ce que lui et sa famille habitent une maison dans cette petite rue?

    ....

DIALOGUE COMPLETION

Using your imagination and the vocabulary learned in the lesson, complete the missing lines of these dialogues.

Chez les copains.

CHARLOTTE: ....

Name.. Section........................ Date ....

GAUTIER: Salut, toi. Tu nous manques depuis un moment.

CHARLOTTE: ....

GAUTIER: Mais pourquoi y es-tu allée?

CHARLOTTE: ....

GAUTIER: Et, toi et elle, vous avez voyagé ensemble à partir d'Amsterdam?

Chez les amis.

M. SINOLET: ....

MME PRESLE: Ne craignez rien, mon cher ami, vous n'êtes pas du tout en retard.

MME. SINOLET: ....

MME PRESLE: Merci, mais ce ne sont pas de nouveaux meubles.

MME. SINOLET: ....

MME PRESLE: C'est mon mari qui les a repeints. Il sait tout faire, lui.

MME. SINOLET: ....

MME PRESLE: Non, je ne sais pas qui a acheté la maison à côté de nous.

M. SINOLET: ....

M. PRESLE: C'est vrai, mon ami Claude avait déjà vendu sa maison quand vous êtes venus la dernière fois.

M. SINOLET: ....

M. PRESLE: Je ne crois pas connaître ces gens.

M. SINOLET: ....

M. PRESLE: Ah, je vois. Ce sont eux à qui vous avez téléphoné de mon bureau l'autre jour.

PICTURE PERFECT

Answer the following questions about the pictures on page 164.

A. 1. Quelle question Monique pose-t-elle à Alain?

   ....

   2. Comment Alain répond-il?

   ....

B. 1. Décrivez la maison et l'étang.

   ....

Name.. Section...................................... Date ....

C. 1. Décrivez ce que l'homme est en train de faire.

   ....

D. 1. Comment les copains se disent-ils bonjour?

   ....

   2. Comment les amis se disent-ils bonjour?

   ....

SITUATIONAL EXERCISE

What would you say in the following situations?

1. You meet your best friend whom you haven't seen for a long time. Tell him (her) you missed him (her) and offer to buy you both a drink.
2. Someone wants to know why you spent your vacation in Amsterdam. Explain that you promised to go there with a friend the last time he (she) came to visit you.
3. Your roommate wants to buy new furniture, but you prefer to redo the furniture you already own.
4. You want to know who brought the wine for dinner.
5. You have to describe your house. It's white, has 5 rooms, a big back yard, and a little pond beyond the yard.

AND NOW, IT'S YOUR TURN!

Act out the following situations with a partner.

1. Two friends meeting after a long separation.
2. One friend talking about his (her) new apartment to another friend.
3. Friends planning a dinner and deciding what each person will bring.
4. Cocktail conversation.

DICTATION

....

....

....

....

....

CLASS ACTIVITY

The class is divided into as many groups as necessary, each one representing a dinner party in a new apartment. Each group decides whether they're all very good friends or just casual acquaintances, thus setting the tone for the evening. The hosts show the apartment, guests ask questions, cocktails are served, dinner is announced and served (real food, if possible)—all in keeping with the degree of friendship and the ages of the participants.

17

Dans la salle d'urgence

Jean-Pierre et ses amis roulaient en voiture. Subitement un poids-lourd leur a bloqué la route. Pour l'éviter, Jean-Pierre a quitté la route. Malheureusement la voiture est rentrée dans un arbre... Plus tard, à l'hôpital dans la salle d'urgence...

LA RÉCEPTIONNISTE:	Qu'est-ce qui vous est arrivé?
JEAN-PIERRE:	Nous avons eu un accident de voiture. Mes amis sont blessés.
LA RÉCEPTIONNISTE:	Et vous aussi, Monsieur. Vous saignez du nez.
JEAN-PIERRE:	J'ai heurté le volant. Ce n'est pas grave.
LA RÉCEPTIONNISTE:	Et la jeune femme?
JEAN-PIERRE:	Elle a un œil au beurre noir et une grosse bosse sur le front.
LA RÉCEPTIONNISTE:	Il va falloir des radiographies pour confirmer qu'il n'y a pas de commotion cérébrale.
JEAN-PIERRE:	Si on fait cela, est-ce qu'elle restera à l'hôpital jusqu'à demain?
LA RÉCEPTIONNISTE:	Pas si ce n'est pas nécessaire. Qui est le jeune homme?
JEAN-PIERRE:	Mon ami André. Il a des douleurs un peu partout et il s'est blessé à la jambe.
LA RÉCEPTIONNISTE:	Vous amis suivront cette personne chez le médecin. Restez ici, il y a des fiches à remplir.
JEAN-PIERRE:	D'accord. Je me sens si coupable.
LA RÉCEPTIONNISTE:	Coupable? Mais pourquoi?
JEAN-PIERRE:	Si j'avais conduit plus prudemment, mes amis ne seraient pas blessés.
LA RÉCEPTIONNISTE:	Ce n'est pas de votre faute. En plus, tout le monde a survécu à l'accident.
JEAN-PIERRE:	Merci, vous êtes gentille. Est-ce j'aurai à les attendre longtemps?
LA RÉCEPTIONNISTE:	Il ne s'agit que d'une piqûre pour votre ami et des radios pour la jeune femme.
JEAN-PIERRE:	A qui dois-je m'adresser pour me faire soigner le nez?
LA RÉCEPTIONNISTE:	L'infirmier là-bas. Il y mettra un pansement, si nécessaire.

* * *

In the Emergency Room

Jean-Pierre and his friends were driving along in the car. Suddenly a truck blocked the road. In order to avoid hitting it, Jean-Pierre went off the road. Unfortunately, the car hit a tree... Later, at the hospital in the emergency room...

THE RECEPTIONIST:	What happened to you?
JEAN-PIERRE:	We had a car accident. My friends are hurt.
THE RECEPTIONIST:	And you, too, sir. Your nose is bleeding.
JEAN-PIERRE:	I hit the steering wheel. It's not serious.
THE RECEPTIONIST:	And the young woman?
JEAN-PIERRE:	She has a black eye and a big bump on her forehead.

THE RECEPTIONIST:	Some X-rays will be necessary to confirm that she doesn't have a concussion.
JEAN-PIERRE:	If that's done, will she stay in the hospital until tomorrow?
THE RECEPTIONIST:	Not if it isn't necessary. Who is the young man?
JEAN-PIERRE:	My friend Andrew. He aches a little bit all over, and he's hurt his leg.
THE RECEPTIONIST:	Your friends will follow this person to the doctor. Stay here; there are some forms to fill out.
JEAN-PIERRE:	Okay. I feel so guilty.
THE RECEPTIONIST:	Guilty? Why?
JEAN-PIERRE:	If I had driven more carefully, my friends wouldn't be hurt.
THE RECEPTIONIST:	It isn't your fault. In addition, everyone survived the accident.
JEAN-PIERRE:	Thank you, you're kind. Will I have to wait a long time for them?
THE RECEPTIONIST:	It's only a question of an injection for your friend and some X-rays for the young woman.
JEAN-PIERRE:	To whom should I speak to have my nose taken care of?
THE RECEPTIONIST:	The nurse over there. He'll put on a bandage, if necessary.

VOCABULARY

NOUNS

l'accident (*m.*)   accident
la bosse   bump
la commotion cérébrale   concussion
la douleur   ache, pain
la faute   fault
l'infirmier(ère) (*m. & f.*)   nurse
le pansement   bandage
la piqûre   injection
le poids-lourd   truck
la radiographie (radio)   X-ray
la route   road
l'urgence (*f.*)   emergency
le volant   steering wheel

VERBS

arriver (*à quelqu'un*)   to arrive, to happen (*to someone*)
(se) blesser   to hurt (oneself)
bloquer   block
confirmer   to confirm

éviter   to avoid
heurter   to hit
rentrer dans   to hit
rouler   to ride
s'adresser à   to appeal to, to speak to
saigner   to bleed
se sentir   to feel
soigner   to care for
suivre   to follow
survivre   to survive
vivre   to live

ADJECTIVES

coupable   guilty
gros(se)   big

USEFUL EXPRESSIONS

l'œil au beurre noir   black eye
subitement   suddenly

GRAMMATICAL STRUCTURE EXERCISES

A. Complete each of the following questions with the correct form of the interrogative pronoun. Then, referring to the opening dialogue, answer each question.

1. .... est arrivé aux trois amis?

  ....

2. Avec .... a-t-on bloqué la route?

  ....

3. Dans .... sont-ils rentrés?

  ....

Name.. Section....................................... Date ....

4. .... saigne du nez?

   ....

5. .... est-il arrivé à la jeune femme?

   ....

6. .... a besoin de radiographies?

   ....

7. Avec .... Jean-Pierre parle-t-il?

   ....

8. .... Jean-Pierre attend-il?

   ....

B. Complete the following table.

INFINITIF	JE	TU	IL/ELLE/ON	NOUS	VOUS	ILS/ELLES
bloquer						
	aurai rempli					
		auras entendu				
			sera rentré(e)			
				aurons survécu		
					aurez suivi	
						se seront blessé(e)s

C. Complete each of the following conditional sentences with the correct tense of the verb in parentheses.

1. Si j'ai de l'argent, je vous .... demain. (payer)

2. Nous .... l'autre voiture si Jacques avait été au volant. (heurter)

3. Si tu .... du nez, le médecin te soignerait. (saigner)

4. Si le poids-lourd n'avait pas bloqué la route, elle .... d'accident. (avoir, *négatif*)

5. L'infirmière .... un pansement si c'est nécessaire. (mettre)

6. Si vous ...., vous seriez resté à l'hôpital. (se blesser)

D. Complete the following table.

INFINITIF	JE	TU	IL/ELLE/ON	NOUS	VOUS	ILS/ELLES
soigner						
	aurais agi					
		aurais attendu				
			serait venu(e)			
				aurions suivi		
					vous vous seriez blessé(e)s	
						auraient mis

QUESTION-ANSWER EXERCISE

Answer each of the following questions in a complete sentence.

1. Si vous avez besoin d'une piqûre, chez qui allez-vous?

   ....

2. Pourquoi fait-on une radiographie?

   ....

3. Qu'auriez-vous fait si vous aviez eu un accident?

   ....

4. Qui soigne les malades à l'hôpital?

   ....

5. Aurait-il mis un pansement si cela n'était pas nécessaire?

   ....

6. Avec qui aurais-tu préféré aller à Compiègne?

   ....

7. Si vous suiviez un poids-lourd, feriez-vous très attention?

   ....

8. Avec quoi vous êtes-vous blessé à la jambe?

   ....

9. Si tu pouvais choisir, où vivrais-tu?

   ....

Name.. Section.................................... Date ....

10. Que faut-il faire pour quelqu'un qui saigne du nez?

   ....

11. Seront-ils pansés avant l'arrivée du médecin?

   ....

12. Qu'aurait-elle fait si elle avait vu l'accident?

   ....

13. Que fait-on si on a une commotion cérébrale?

   ....

14. Où avez-vous mal aujourd'hui?

   ....

15. Qui t'a conduit à l'hôpital?

   ....

16. Qui suis-tu?

   ....

17. Avaient-ils suivi le poids-lourd longtemps avant de le heurter?

   ....

18. Qu'est-ce que c'est qu'un œil au beurre noir?

   ....

19. Qu'est-ce que le médecin fait quand on est malade?

   ....

20. A quoi sert le pansement?

   ....

21. Quand tu étais petit, qui te soignait?

   ....

22. Qu'est-ce qui aurait pu arriver si le poids-lourd avait bloqué la route?

   ....

23. Etes-vous jamais rentré dans une voiture ou un arbre?

   ....

24. Lequel de ces deux poids-lourd a eu un accident?

   ....

25. Voici deux radiographies, laquelle cherchez-vous?

   ....

DIALOGUE COMPLETION

Using your imagination and the vocabulary learned in the lesson, complete the missing lines of these dialogues.

A l'hôpital.

MARIE-THÉRÈSE: ....

LE GARDIEN: La réceptionniste est là, Madame. Elle vous attend.

LA RÉCEPTIONNISTE: ....

MARIE-THÉRÈSE: Mon mari a eu un accident de voiture.

LA RÉCEPTIONNISTE: ....

MARIE-THÉRÈSE: Il est rentré dans une autre voiture.

LA RÉCEPTIONNISTE: ....

MARIE-THÉRÈSE: Non, c'est moi qui vais remplir les fiches.

LA RÉCEPTIONNISTE: ....

MARIE-THÉRÈSE: Oui, il faut que quelqu'un le soigne immédiatement. Qui peut le faire?

LA RÉCEPTIONNISTE: ....

MARIE-THÉRÈSE: Si l'infirmière pouvait faire ces radiographies immédiatement, moi je pourrais remplir les fiches et puis aller voir le médecin avec lui.

Chez le médecin.

LE MÉDECIN: ....

JEAN-LUC: J'ai mal un peu partout.

LE MÉDECIN: ....

JEAN-LUC: J'ai heurté le volant de ma voiture et j'ai maintenant une grosse bosse sur le front et très mal à la jambe.

LE MÉDECIN: ....

JEAN-LUC: A laquelle? Ah, oui, je comprends. A la jambe gauche. Elle est enflée.

LE MÉDECIN: ....

Name.. Section...................................... Date ....

JEAN-LUC: L'infirmière en a déjà fait une radiographie.

LE MÉDECIN: ....

JEAN-LUC: Elle a mis le pansement parce que je saignais de la jambe.

Le médecin examine Jean-Luc.

LE MÉDECIN: ....

JEAN-LUC: Je suis heureux de savoir qu'il n'y a rien de grave.

LE MÉDECIN: ....

JEAN-LUC: Je n'aime pas les piqûres mais si c'est vraiment nécessaire je ne pourrai pas vous dire non.

LE MÉDECIN: ....

JEAN-LUC: Non, je n'ai rien mangé.

LE MÉDECIN: ....

JEAN-LUC: Merci. Où est-ce que l'on paie?

LE MÉDECIN: ....

JEAN-LUC: La même réceptionniste? Bon, je vais payer immédiatement, si ma femme ne l'a pas déjà fait.

PICTURE PERFECT

Answer the following questions about the pictures on pp. 174 and 175.

A. 1. Qu'est-ce qui s'est passé?

   ....

   2. Que dit le chauffeur du camion?

   ....

   3. Combien de voitures sont rentrées dans le camion?

   ....

   4. Laquelle a causé l'accident?

   ....

   5. Qu'est-ce qui se trouve par terre?

   ....

B. 1. Lequel des deux amis a eu un accident de bicyclette?

   ....

2. Qu'est-ce qui est arrivé à Christophe?

   ....

3. Que cherche Louis?

   ....

4. Qu'est-ce que Louis a l'intention de faire?

   ....

C. 1. Que demande la réceptionniste?

   ....

2. Que lui répond Alfred?

   ....

3. Combien de médecins travaillent dans ce dispensaire?

   ....

4. Lequel veut voir Jeanne?

   ....

       5. Qu'est-ce que le docteur va faire?

       ....

D.   1. Pourquoi Christine a-t-elle une bosse sur le front?

       ....

    2. Qui est en train de panser Clothilde?

       ....

    3. Qui s'occupe de Richard?

       ....

    4. Qu'est-ce qui va être nécessaire à Richard?

       ....

    5. Que veut la réceptionniste?

       ....

    6. Que lui dit Elisabeth?

       ....

SITUATIONAL EXERCISE

What would you say in the following situations.

1. You're calling home to say you'll be late because you've just had an accident.
2. You need help because your nose is bleeding.
3. You can't pay a bill until your friend brings you some money.
4. You must see a doctor because you've hit your head against something.
5. You must tell the doctor that you ache all over.
6. You must tell a friend that the doctor has given you an injection.
7. You must say you escaped from an accident with only a black eye.
8. You tell the driver of the other car that he (she) caused the accident, not you.

AND NOW, IT'S YOUR TURN!

Act out the following situations with a partner.

1. An accident. Who is responsible?
2. A visit to the doctor.
3. An explanation to a friend of how you got a black eye and injured leg.
4. The settlement of a bill.
5. Arrival at a clinic; explanation of why you need help.

Name.. Section...................................... Date ....

DICTATION

....
....
....
....
....

CLASS ACTIVITY

The class is divided into two parts; each half is subdivided as many times as necessary. The groups in one half of the class play the roles of people involved in car, bicycle, or train accidents. The other groups play the roles of people in a hospital or clinic as the victims of an accident are brought to them for care.

18

Chez le coiffeur

Renée et Jacques vont chez un grand coiffeur pour hommes et femmes.

LA RÉCEPTIONNISTE:	Avez-vous pris rendez-vous?
RENÉE:	Oui, pour une permanente et une manucure.
JACQUES:	Pour une coupe.
LA RÉCEPTIONNISTE:	Déposez vos affaires dans le vestiaire et descendez au sous-sol pour le shampooing.

Au sous-sol

LA JEUNE FEMME:	Voulez-vous que je fasse le shampooing une ou deux fois?
RENÉE:	Deux fois et rincez bien, s'il vous plaît.
LE JEUNE HOMME:	Voulez-vous un après-shampooing, Monsieur?
JACQUES:	Oui, une lotion démêlante pour peigner plus facilement les cheveux.

Les deux amis remontent à l'étage et prennent deux fauteuils côte à côte.

LA COIFFEUSE:	Préférez-vous que je vous fasse une coupe au rasoir ou aux ciseaux?
JACQUES:	Aux ciseaux. Pensez-vous que j'aie les pattes trop longues?
LA COIFFEUSE:	Oui, Monsieur. Ce n'est plus à la mode.
JACQUES:	Il est préférable que vous décidiez vous-même la coupe qui me convient. Allez-y!
LE COIFFEUR:	Vous avez les cheveux un peu ternes, Mademoiselle.
RENÉE:	Croyez-vous que ce soit parce que je passe trop de temps au soleil?
LE COIFFEUR:	C'est possible. Vous les faites décolorer, n'est-ce pas?
RENÉE:	Oui, mais pas aujourd'hui. Je voudrais une permanente.
LE COIFFEUR:	Vous n'en avez pas besoin. Vous avez encore des restes de permanente.
RENÉE:	Ah, bon. Je ne veux pas abîmer mes cheveux.
LE COIFFEUR:	Je vais les couper un peu sur la nuque et raccourcir les franges. Ensuite vous pouvez laisser pousser vos cheveux.
RENÉE:	Même pas de mise en plis?
LE COIFFEUR:	Je mettrai quelques bigoudis et puis vous pouvez passer sous le séchoir.
RENÉE:	Est-il possible qu'on me fasse une manucure en même temps?

Quand les deux amis quittent le salon, ils rient et sourient de plaisir. Il est évident qu'ils sont contents de leur coiffure.

RENÉE:	Es-tu heureux que nous y soyons venus?
JACQUES:	Très. On reviendra souvent.

* * *

At the Hairdresser's

Renée and Jacques are going to a well-known hair stylist for men and women.

THE RECEPTIONIST:	Did you make an appointment?
RENÉE:	Yes, for a permanent and a manicure.
JACQUES:	For a haircut.
THE RECEPTIONIST:	Leave your belongings in the coatroom and go downstairs for a shampoo.

Downstairs.

THE YOUNG WOMAN:	Do you want me to shampoo once or twice?
RENÉE:	Twice and rinse thoroughly, please.
THE YOUNG MAN:	Do you want a hair conditioner, sir?
JACQUES:	Yes, an untangling lotion in order to comb my hair more easily.

The two friends go back upstairs and take two armchairs side by side.

THE HAIR STYLIST:	Do you prefer that I cut your hair with a razor or scissors?
JACQUES:	With scissors. Do you think my sideburns are too long?
THE HAIR STYLIST:	Yes, sir. That's no longer in style.
JACQUES:	It's preferable that you decide what hair style suits me best. Go ahead!
THE HAIR STYLIST:	Your hair is a little dull, Miss.
RENÉE:	Do you think it's because I spend too much time in the sun?
THE HAIR STYLIST:	It's possible. You bleach it, don't you?
RENEE:	Yes, but not today. I would like a permanent.
THE HAIR STYLIST:	You don't need it. You still have the remainder of a permanent.
RENEE:	Oh, good. I don't want to ruin my hair.
THE HAIR STYLIST:	I'm going to cut it a little on the back of the neck and shorten the bangs. Then you can let your hair grow.
RENÉE:	Not even a hairset?
THE HAIR STYLIST:	I'll put in some curlers and then you can go under the dryer.
RENÉE:	Is it possible to give me a manicure at the same time?

When the two friends leave the beauty parlor, they're laughing and smiling with pleasure. It is evident that they are happy with their hair styles.

RENÉE:	Are you glad we came here?
JACQUES:	Very. We'll come back often.

VOCABULARY

NOUNS

l'après-shampooing (*m.*) hair conditioner
le bigoudi curler
les ciseaux (*m. pl.*) scissors
le (la) coiffeur(se) hair stylist
la coiffure hair style
la coupe cut
l'étage (*m.*) floor (*of a building*)
le fauteuil armchair
les franges (*f. pl.*) bangs
la lotion lotion
la manucure manicure
la mise en plis hairset
la nuque (*back of*) neck
la patte sideburn
la permanente permanent

le plaisir pleasure
le rasoir razor
les restes (*m. pl.*) remains
le salon salon
le séchoir hair dryer
le shampooing shampoo
le soleil sun
le sous-sol downstairs, basement
le vestiaire coat room

VERBS

abîmer to ruin
convenir à to suit
décider to decide
décolorer to bleach

Name.. Section....................... Date ....

déposer to deposit
peigner to comb
pousser to grow
raccourcir to shorten
remonter to go up again
rincer to rinse
rire to laugh

sourire to smile

USEFUL EXPRESSIONS

à la mode in style
allez-y go ahead
côte à côte side by side
facilement easily

GRAMMATICAL STRUCTURE EXERCISES

A. **Complete each of the following sentences with the present subjunctive of the verbs in parentheses.**

1. Préférez-vous qu'il .... demain? (revenir)

2. Il faudra que tu .... rendez-vous aujourd'hui. (prendre)

3. Elle veut que je .... une manucure. (faire)

4. Je voudrais que vous me .... la tête. (laver)

5. Il est possible que je .... les franges. (raccourcir)

6. Nous désirons qu'ils ne .... plus de temps. (perdre)

7. Ils ne recommanderont pas qu'elle .... trop de vin. (boire)

8. Je ne veux pas que tu te .... (fatiguer)

9. Permettez que nous .... (rire)

10. Vous aimeriez mieux qu'elles .... vous chercher. (venir)

11. Elle ne pense pas que nous .... d'elle. (se moquer)

12. Faut-il que vous .... tout? (perdre)

13. Croit-elle que je .... lui faire une manucure? (pouvoir)

14. Il est triste que tu ne m'....................................plus. (aimer)

15. Nous sommes contents que tu .... chez nous. (être)

16. La dame voudrait que vous lui .... les cheveux. (couper)

17. Corinne est heureuse que nous .... le travail demain. (finir)

18. Il suffit que vous .... quelque temps sous le séchoir. (passer)

19. Pensez-vous que mon mari .... m'acheter quelque chose? (aller)

20. Elles sont contentes que vous .... enfin. (sourire)

B. Complete the following table.

INFINITIF	JE	TU	IL/ELLE/ON	NOUS	VOUS	ILS/ELLES
couper						
	aie raccourci					
		aies perdu				
			soit allé(e)			
				ayons fait		
					vous soyez lavé(e)(s)	
						aient mis

QUESTION-ANSWER EXERCISE

Answer each of the following questions in a complete sentence.

1. Préfère-t-il que tu reviennes demain?

   ....

2. Est-elle contente de vous revoir?

   ....

3. Recommandes-tu que nous buvions de la bière?

   ....

4. Penses-tu que mes franges soient trop longues?

   ....

5. Pourquoi riez-vous tout le temps?

   ....

6. Est-il préférable qu'elle mette des bigoudis?

   ....

7. Est-il possible que j'aie mis trop de shampooing?

   ....

8. Aime-t-elle mieux que je lui fasse une mise en plis?

   ....

9. Sourirons-nous demain après notre visite chez la coiffeuse?

   ....

Name.. Section....................................... Date ....

10. Désirez-vous que nous nous lavions les cheveux?

   ....

11. Faut-il que tout le monde se fasse décolorer les cheveux?

   ....

12. Croient-elles que nous recommandions cette lotion?

   ....

13. Voudriez-vous que je vous coupe les cheveux très courts?

   ....

14. Serait-il triste que la jeune fille abîme ses cheveux?

   ....

15. Es-tu contente que je sois venue?

   ....

16. Est-il probable que tu reviendras?

   ....

17. Pensent-ils que nous puissions faire une manucure?

   ....

18. Faut-il que je laisse pousser mes cheveux?

   ....

19. Aimeriez-vous mieux que nous venions demain?

   ....

20. Désire-t-il que vous lui coupiez les cheveux?

   ....

DIALOGUE COMPLETION

Using your imagination and the vocabulary learned in the lesson, complete the missing lines of these dialogues.

Chez le coiffeur

LE COIFFEUR: ....

M. ROHAN: Un shampooing et une coupe, s'il vous plaît, Monsieur.

LE COIFFEUR: ....

M. ROHAN: Non, je n'ai pas rendez-vous et, comme vous voyez, j'ai vraiment besoin que quelqu'un s'occupe de mes cheveux.

LE COIFFEUR: ....

M. ROHAN: Merci bien. Voulez-vous que je me mette dans ce fauteuil?

LE COIFFEUR: ....

M. ROHAN: J'utilise un shampooing tout à fait ordinaire. Va-t-il falloir que j'en choisisse un autre?

LE COIFFEUR: ....

M. ROHAN: Si vous avez une lotion démêlante, je voudrais bien l'essayer.

Quelques minutes plus tard.

LE COIFFEUR: ....

M. ROHAN: Je préfère que vous me fassiez une coupe aux ciseaux.

LE COIFFEUR: ....

M. ROHAN: Mes amis recommandent que je les laisse pousser un peu sur la nuque.

LE COIFFEUR: ....

M. ROHAN: Pour les pattes, je ne sais pas quoi vous dire. Voilà, ne les coupez pas trop courtes.

■ ■ ■

Au salon de coiffure

LA RÉCEPTIONNISTE: ....

MLLE ROBIN: J'ai rendez-vous avec Gérard à 11 heures.

LA RÉCEPTIONNISTE: ....

MLLE ROBIN: Mlle Robin, Emilie Robin.

LA RÉCEPTIONNISTE: ....

MLLE ROBIN: Shampooing, coupe, et mise en plis.

Quelques minutes plus tard.

GÉRARD: ....

MLLE ROBIN: Je voudrais que vous me fassiez une nouvelle coiffure.

GÉRARD: ....

MLLE ROBIN: J'aimerais que vous raccourcissiez un peu les franges mais laissez-les assez longs sur la nuque.

Name.. Section..................................... Date ....

GÉRARD: ....

MLLE ROBIN: Merci, moi aussi je crois avoir de beaux cheveux. Il serait triste de les faire couper pour suivre la mode.

GÉRARD: ....

MLLE ROBIN: J'aimerais que vous me fassiez une mise en plis et que quelqu'un me fasse une manucure pendant que je passe sous le séchoir.

PICTURE PERFECT

Complete the following sentences according to the pictures on p. 186.

1. Huguette voudrait que la coiffeuse...
2. Henri préfère que les pattes...
3. Mme Morel insiste pour qu'elle..
4. M. Simon ne veut pas que les cheveux..
5. Albert demande que le coiffeur..
6. Dominique aimerait que quelqu'un..
7. Il est possible que François..
8. Jean-Marie aime mieux que le coiffeur..
9. Il faut que vous ....
10. Céline désire que la coiffeuse ....

SITUATIONAL EXERCISE

What would you say in the following situations?

1. You want your hair cut short in the front, but left long in the back.
2. You don't want the stylist to use electric clippers. You prefer scissors.
3. You want a cut, wash, and set.
4. You want a new hair style with long bangs and short wavy hair.
5. You want a manicure while you're under the dryer.
6. You explain that it's possible that you may have damaged your hair by staying too long in the sun.
7. You want an appointment on Thursday at 11 A.M. for a wash, set, and manicure.

Name.. Section....................................... Date ....

AND NOW, IT'S YOUR TURN!

Act out the following situations with a partner.

1. An appointment at the hairdresser.
2. An appointment at the barber.
3. A phone call to set up an appointment.

DICTATION

....

....

....

....

....

CLASS ACTIVITY

The classroom becomes a beauty salon for men and women. Depending on the size of the class, groups of various sizes are established to play the roles of receptionists, beauticians, and customers. Each customer must first approach a receptionist to give the time of his (her) appointment and what is to be done. Each customer takes a number and goes to the appropriate beautician when the receptionist calls that number. The customer and beautician discuss what is to be done. When finished, each customer pays a receptionist before leaving.

19

Le monde des finances

A la banque.

MLLE CHAPUIS: Je voudrais ouvrir un compte en banque, s'il vous plaît.
L'EMPLOYÉ: Quel genre de compte, Mademoiselle?
MLLE CHAPUIS: Un compte chèques.
L'EMPLOYÉ: Il va me falloir votre justificatif de domicile.
MLLE CHAPUIS: Bien que je l'ai demandé à ma propriétaire il y a un mois, je ne l'ai reçu que ce matin. Le voici.
L'EMPLOYÉ: Après avoir rempli cette demande d'ouverture de compte, retournez à ce guichet pour choisir votre chéquier.
MLLE CHAPUIS: Est-ce que j'aurai quelques chèques immédiatement?
L'EMPLOYÉ: Pas avant que l'on n'ait vérifié votre crédit.

A un autre guichet.

M. DUMENT: J'aimerais retirer des fonds de mon compte de dépôt.
L'EMPLOYÉE: Afin de le faire il faut présenter votre livret, Monsieur.
M. DUMENT: Je n'ai pas pensé à l'apporter.
L'EMPLOYÉE: Dans ce cas vous ne pouvez pas toucher votre argent.

A la caisse.

MME PANETTE: Je voudrais déposer ceci sur mon compte.
L'EMPLOYÉ: Quel est le montant de votre versement, Madame?
MME PANETTE: Je l'ai indiqué sur le bordereau.
L'EMPLOYÉ: N'oubliez pas d'endosser les chèques. Voulez-vous un récépissé?

Chez les agents de change.

MLLE CHARPENTE: Je dispose de quelques milliers de francs que je voudrais bien placer.
L'AGENT: On arrivera à le faire sans difficulté, Mademoiselle.
MLLE CHARPENTE: Bien que je reçoive un taux intéressant sur cet argent, je crois que c'est la chose à faire.
L'AGENT: Oui, oui, pour qu'il ne perde pas de sa valeur à cause de l'inflation.
MLLE CHARPENTE: Quelles actions me suggérez-vous d'acheter?
L'AGENT: Celles qui sont côtées à la Bourse de Paris.

* * *

The Financial World

At the bank.

MISS CHAPUIS: I would like to open a bank account, please.
THE EMPLOYEE: What type of account, Miss?
MISS CHAPUIS: A checking account.
THE EMPLOYEE: I'm going to need your proof of residence.
MISS CHAPUIS: Although I asked my landlady for it a month ago, I just got it today. Here it is.
THE EMPLOYEE: After filling out this request to open an account, come back to this window to choose your checkbook.
MISS CHAPUIS: Will I have some checks right away?
THE EMPLOYEE: Not before we have verified your credit.

At another window.

MR. DUMENT: I would like to withdraw some money from my savings account.
THE EMPLOYEE: In order to do so, you must present your bank book, sir.
MR. DUMENT: I didn't think to bring it.
THE EMPLOYEE: In that case, you cannot receive your money.

At the cashier's.

MRS. PANETTE: I would like to deposit this in my account.
THE EMPLOYEE: What is the amount of your deposit, Madam?
MRS. PANETTE: I have indicated it on the deposit slip.
THE EMPLOYEE: Don't forget to endorse the checks. Do you want a receipt?

At the broker's.

MISS CHARPENTE: I have several thousand francs at my disposal that I would very much like to invest.
THE BROKER: We can manage to do that without difficulty, Miss.
MISS CHARPENTE: Although I am receiving a good (= an attractive) rate of interest on this money, I believe that it's the thing to do.
THE BROKER: Yes, yes, so that it won't lose its value on account of inflation.
MISS CHARPENTE: What stocks do you suggest that I buy?
THE BROKER: Those quoted on the Paris Stock Exchange.

VOCABULARY

NOUNS

l'action (*f.*) stock
l'agent (*m.*) de change stockbroker
le bordereau form
la Bourse Stock Exchange
le cas case
le chèque check
le chéquier checkbook
le compte account
le crédit credit
la demande request
la difficulté difficulty
le domicile residence
la finance finance
les fonds (*m. pl.*) cash
le genre type
l'inflation (*f.*) inflation
le justificatif proof
le livret bank book
le millier thousand

le montant amount
l'ouverture (*f.*) opening
le récépissé receipt
le taux rate
le versement deposit

VERBS

coter to quote
disposer de to have at one's disposal
endosser to endorse
placer to place
présenter to present
retirer to withdraw
suggérer to suggest
toucher to receive (*money*)

USEFUL EXPRESSIONS

à cause de on account of
afin de in order to

Name.. Section...................................... Date ....

avant que before
bien que although
le compte chèques checking account
le compte de dépôt savings account

le compte en banque bank account
immédiatement immediately
pour que so that, in order that

GRAMMATICAL STRUCTURE EXERCISES

A. **Complete each of the following sentences with the past subjunctive of the verb in parentheses.**

1. Elle ne pourra pas nous téléphoner jusqu'à ce que nous lui .... notre numéro. (donner)

2. Je ne crois pas que j'... mon récépissé chez moi. (laisser)

3. Nous allons déposer mille francs sur notre compte pourvu qu'ils n'... leurs guichets. (fermer)

4. Quoiqu'il .... partout, Gérard n'a pas pu trouver son chéquier. (chercher)

5. Vous auriez préféré qu'elle .... son formulaire avant de se présenter au guichet. (remplir)

B. **Complete the following sentences with either the subjunctive or the indicative of the verbs in parentheses.**

1. Elle veut ouvrir un compte bien qu'elle n'... pas d'argent. (avoir)

2. A moins que nous .... mal, nous n'avons pas reçu assez d'argent. (compter)

3. Afin que j'... un compte en banque, il me faut un justificatif de domicile. (ouvrir)

4. Sans que vous me les ...., je sais que vous avez trois chèques à me donner. (montrer)

5. Pour que cela .... plus vite, remplissons les formulaires à la maison. (aller)

6. Pourvu que vous .... votre récépissé de dépôt à la banque, on peut vérifier votre compte. (apporter)

7. Après que l'on .... la fiche de retrait au guichet, on peut retirer des fonds de son compte de dépôt. (rendre)

8. Il faut vendre les actions avant qu'elles ne .... de leur valeur. (perdre)

C. **Complete each of the following sentences with à, de, or x (if no preposition is necessary).**

1. Elle va .... ouvrir un compte en banque.

2. Voici le formulaire que vous m'avez demandé .... remplir.

3. Il n'est pas possible .... vérifier votre crédit, Monsieur.

4. Vous pouvez .... ouvrir un compte.

5. Ce que feront les agents de change, c'est difficile .... savoir.

6. Penses-tu .... retirer de l'argent?

7. Arrivez-vous .... vérifier votre compte?

8. Réussit-elle .... remplir le bordereau?

9. Ils ne veulent pas .... nous aider .... trouver la banque.

10. Ils nous suggèrent .... acheter des actions aujourd'hui.

QUESTION-ANSWER EXERCISE

Answer each of the following questions in a complete sentence.

1. Quel genre de compte voulez-vous ouvrir?

   ....

2. Après avoir investi votre argent, que ferez-vous avec ce qui vous en restera?

   ....

3. Vaut-il mieux investir ou déposer l'argent sur un compte?

   ....

4. Comment pourrez-vous vérifier sans que l'on vous donne un récépissé?

   ....

5. A qui vous adressez-vous afin de déposer de l'argent sur votre compte?

   ....

6. Que faut-il obtenir avant d'ouvrir un compte en banque?

   ....

7. Est-il possible de retirer de l'argent d'un compte en banque sans difficulté?

   ....

8. Pourquoi voulez-vous placer votre argent?

   ....

9. Avant que tu n'aies pu ouvrir ton compte, combien de formulaires as-tu rempli?

   ....

Name.. Section....................... Date ....

10. Combien de chèques voulez-vous commander?

   ....

11. Après avoir rempli la demande de compte, que faut-il faire?

   ....

12. Pouvez-vous expliquer la différence entre un compte chèques et un compte de dépôt?

   ....

13. Savez-vous endosser un chèque?

   ....

14. Après être allé à la banque, vous sentez-vous plus riche ou plus pauvre?

   ....

15. Que fait comprendre un agent de change à ses clients?

   ....

16. Lesquelles préférez-vous, les actions ou les comptes en banque?

   ....

17. Pourquoi n'a-t-elle pas pu retirer de l'argent bien qu'elle aie déposé 5.000 francs il y a deux jours?

   ....

18. Pourquoi veux-tu obtenir un justificatif de domicile?

   ....

19. Avant de venir retirer de l'argent, qu'est-ce qu'il faut ne pas oublier à la maison.

   ....

20. Afin de retirer des fonds d'un compte, qu'est-ce qu'il faut présenter à l'employé au guichet?

   ....

DIALOGUE COMPLETION

Using your imagination and the vocabulary learned in the lesson, complete the missing lines of these dialogues.

Dans la rue.

MME. CALAIS: ....

LE PASSANT: C'est facile à expliquer. Prenez la deuxième à gauche. La Banque Populaire est dans cette rue.

MME. CALAIS: ....

LE PASSANT: Je vous en prie, Madame.

A la caisse.

M. LEBRUN: ....

L'EMPLOYÉ: Il vous faut un justificatif de domicile pour ouvrir un compte.

M. LEBRUN: ....

L'EMPLOYÉ: Très bien. Et il faut choisir le genre de compte que vous désirez.

M. LEBRUN: ....

L'EMPLOYÉ: Après avoir rempli cette demande de compte indiquez combien de chéquiers vous désirez.

M. LEBRUN: ....

L'EMPLOYÉ: Il y a un maximum de deux chéquiers de vingt chèques.

A la caisse.

MLLE MASSON: ....

L'EMPLOYÉE: Pour retirer de l'argent, il faut me donner votre livret, Mademoiselle.

MLLE MASSON: ....

L'EMPLOYÉE: Je suis navrée, Mademoiselle, mais votre fiche de retrait n'est pas valable sans le livret.

A la caisse.

MME PICOTTE: ....

LE CAISSIER: Quel est le montant de votre versement, Madame?

MME PICOTTE: ....

LE CAISSIER: Indiquez donc 2.000 francs sur le bordereau de dépôt et puis endossez les chèques.

MME PICOTTE: ....

LE CAISSIER: Vous les signez, Madame.

PICTURE PERFECT

Answer the following questions about the pictures on p. 195.

A. 1. Que demande Josette?

    ....

    2. Où se trouve la banque?

    ....

B. 1. Pourquoi Nicole commence-t-elle à courir?

   ....

C. 1. Que veut faire Bernard?

   ....

   2. Quel genre de compte va-t-il choisir?

   ....

   3. Qu'est-ce qu'il indique sur le formulaire?

   ....

D. 1. Que veut faire Albert?

   ....

   2. Que demande l'employé?

   ....

E. 1. Qu'est-ce que Sophie est en train de faire?

   ....

   2. Qu'est-ce qu'elle a indiqué sur son bordereau de dépôt?

   ....

F. 1. Qu'est-ce que l'agent suggère arrive au franc à cause de l'inflation?

   ....

   2. Qu'est-ce que Michel et Babette veulent acheter?

   ....

SITUATIONAL EXERCISES

What would you say in the following situations?

A. You are a bank teller.
   1. A client wants to open a checking account.
   2. A client wants to make a deposit.
   3. A client who has forgotten his (her) passbook wants to make a withdrawal.
   4. A client doesn't understand why a checkbook can't be issued immediately.

B. You are a client in a bank.
   1. who wants to deposit money.
   2. who wants to withdraw money.
   3. who doesn't know what to write on a deposit slip.
   4. who needs help finding the right window.

Name.. Section..................................... Date ....

AND NOW, YOU'RE ON YOUR OWN!

Act out the following situations with a partner.
1. Someone trying to open a checking account.
2. Someone discussing investments with a broker.
3. Someone trying to have a banking error corrected.

DICTATION

....

....

....

....

....

CLASS ACTIVITY

The class is divided into two groups: bank employees and banking customers. The employees include a receptionist, who directs each of the customers to the correct window. After filling out the correct forms, the customers go to the designated window to transact their business. Those who are to receive money then go to the cashier to obtain their money and a receipt. All the others receive a receipt at the appropriate window.

20

Chez le dentiste

Marcel a très mal aux dents. Après un délai de huit jours, il va enfin chez le dentiste.

LE DENTISTE: Ouvrez la bouche le plus grand possible.
MARCEL: Aïe! Cela me fait mal là où vous touchez!
LE DENTISTE: C'est une dent de sagesse. Il faut l'arracher.
MARCEL: Elle me fait mal depuis quelques jours.
LE DENTISTE: Vous auriez dû venir beaucoup plus tôt, jeune homme.
MARCEL: Est-ce qu'il y a d'autres problèmes?
LE DENTISTE: Au moins deux ou trois caries. Je vais faire quelques radios de votre bouche.

Le dentiste arrache la dent sans difficulté, mais les radiographies révèlent que Marcel a besoin de cinq plombages.

LE DENTISTE: En attendant que je fasse ces plombages, vous devez vous occuper de vos dents. Je vous donne une ordonnance.
MARCEL: Contre la carie?
LE DENTISTE: Non, contre la carie il vous faut une bonne pâte dentifrice au fluor.
MARCEL: Où est-ce que cela s'achète?
LE DENTISTE: Chez le pharmacien. Vous lui donnerez aussi cette ordonnance.
MARCEL: Une ordonnance pour quelle raison?
LE DENTISTE: Je vous prescris un médicament pour que vous ne souffriez des suites de l'intervention.

A la pharmacie.

MARCEL: Bonjour, Madame. Le dentiste m'a donné cette ordonnance.
LA PHARMACIENNE: Je m'en occupe tout de suite...
MARCEL: Un instant, Madame, j'ai besoin aussi d'aspirine et d'un dentifrice au fluor.
LA PHARMACIENNE: Oui, je vous apporte l'aspirine et l'ordonnance. Choisissez un dentifrice en devanture.
MARCEL: D'accord. Ma mère m'a aussi chargé de rapporter des couches pour mon petit frère.

* * *

At the Dentist

Marcel has a very bad toothache. After a delay of eight days, he finally goes to the dentist.

THE DENTIST: Open your mouth as wide as possible.
MARCEL: Ouch! It hurts there where you're touching.

THE DENTIST:	That's a wisdom tooth. It has to be extracted.
MARCEL:	It's been hurting for several days.
THE DENTIST:	You should have come much sooner, young man.
MARCEL:	Are there other problems?
THE DENTIST:	At least two or three cavities. I'm going to take a few X-rays of your mouth.

The dentist extracts the tooth without any difficulty, but the X-rays reveal that Marcel needs five fillings.

THE DENTIST:	While waiting for me to do the fillings, you have got to take care of your teeth. I'll give you a prescription.
MARCEL:	Against decay?
THE DENTIST:	No, against decay you need a good fluoride toothpaste.
MARCEL:	Where is that sold?
THE DENTIST:	At the pharmacist's. You will give him this prescription as well.
MARCEL:	A prescription for what (reason)?
THE DENTIST:	I'm prescribing a medicine for you so that you won't suffer from the aftereffects of the extraction (= operation).

At the pharmacy.

MARCEL:	Good afternoon, Madam. The dentist gave me this prescription.
THE PHARMACIST:	I'll take care of it right away...
MARCEL:	One moment, Madam; I also need some aspirin and a fluoride toothpaste.
THE PHARMACIST:	Yes, I'll bring you the aspirin and the prescription. Choose a toothpaste from the display.
MARCEL:	All right. My mother also told (= instructed) me to bring back some diapers for my little brother.

VOCABULARY

NOUNS

la carie cavity, decay
la couche diaper
le dentifrice toothpaste
le dentiste dentist
la devanture window display
le fluor fluoride
l'instant (*m.*) instant
l'intervention (*f.*) intervention (*medical*)
la pâte dentrifice toothpaste
la pharmacie pharmacy, drugstore
le (la) pharmacien(ne) pharmacist
le plombage filling
le problème problem
la sagesse wisdom
la suite result

VERBS

arracher to extract
charger to instruct
devoir to have to, ought to, must
prescrire to prescribe
rapporter to bring back
révéler to reveal
s'occuper to take care of
toucher to touch

USEFUL EXPRESSIONS

aïe! ouch!
après after
tout de suite right away

GRAMMATICAL STRUCTURE EXERCISES

A. Write a sentence for each group of words; add any words necessary. Then, translate each sentence.

1. Tu / devoir / venir / mois / prochain.

   ....

   ....

2. Avant / faire / plombages / je / devoir / faire / radiographies.

   ....

   ....

3. Pour / protéger / dents / on / devoir / aller / souvent / dentiste.

   ....

   ....

4. Devoir / nous / choisir / pâte / dentifrice / fluor.

   ....

   ....

5. Vous / devoir / venir / beaucoup / tôt.

   ....

   ....

6. Ils / devoir / arracher / dent.

   ....

   ....

7. Ce / ne pas / être / vrai; / nous / ne pas / devoir / 500 francs / pharmacien.

   ....

   ....

8. Elles / devoir / avoir / aspirine.

   ....

   ....

B. Rewrite each of the following sentences in the active voice.

1. Le dentifrice est vendu chez le pharmacien.

   ....

2. La dent a été arrachée par le dentiste.

   ....

3. Les radios seront faites par l'infirmière.

   ....

4. Les dents sont protégées par le fluor.

....

QUESTION-ANSWER EXERCISE

Answer each of the following questions in a complete sentence.

1. Où a-t-il mal?

....

2. Pourquoi attend-il huit jours avant d'aller chez le dentiste?

....

3. Quelle dent doit-il arracher?

....

4. Qu'est-ce que c'est qu'une dent de sagesse?

....

5. Quand aurais-tu dû aller chez le dentiste?

....

6. Depuis quand cette dent te fait-elle mal?

....

7. As-tu des caries?

....

8. Que doit-on faire pour se protéger contre les caries?

....

9. Avez-vous dû faire faire des radios de votre bouche?

....

10. De combien de plombages as-tu besoin?

....

11. Qui s'occupe des ordonnances?

....

12. En attendant chez le dentiste, as-tu peur?

....

Name.. Section...................................... Date ....

13. Où se vend la pâte dentifrice?

    ....

14. Comment doit-on soigner les dents?

    ....

15. Pourquoi a-t-il besoin d'une ordonnance?

    ....

16. Souffres-tu quand on t'arrache une dent?

    ....

17. Où s'achète les couches de bébé?

    ....

18. Achètes-tu souvent de l'aspirine?

    ....

19. Qui t'a chargé de rapporter l'ordonnance?

    ....

20. Combien de fois par an devra-t-on aller chez le dentiste?

    ....

DIALOGUE COMPLETION

Using your imagination and the vocabulary learned in the lesson, complete the missing lines of these dialogues.

Chez le dentiste.

LE DENTISTE: ....

URSULE: Depuis un mois.

LE DENTISTE: ....

URSULE: Je le sais mais j'avais peur.

LE DENTISTE: ....

URSULE: Est-il vraiment nécessaire de l'arracher?

LE DENTISTE: ....

URSULE: D'accord, mais j'espère ne pas trop souffrir des suites de l'intervention.

LE DENTISTE: ....

URSULE: Je n'aime pas que l'on me fasse trop de radiographies.

LE DENTISTE: ....

URSULE: Vous n'en trouverez pas beaucoup. J'ai de très bonnes dents.

Chez le pharmacien.

URSULE: Le dentiste m'a donné cette ordonnance.

LE PHARMACIEN: ....

URSULE: Merci, Monsieur. J'ai besoin aussi de shampooing.

LE PHARMACIEN: ....

URSULE: Très bien. J'en choisirai un en devanture.

LE PHARMACIEN: ....

URSULE: Non, j'ai assez de dentifrice.

LE PHARMACIEN: ....

URSULE: Vous avez raison. Un dentifrice au fluor protégera bien les dents.

PICTURE PERFECT

Answer the following questions about the pictures on p. 205.

1. Que dit le dentiste à Corinne?

   ....

2. Le dentiste n'est pas content. Pourquoi?

   ....

3. Que fait le dentiste?

   ....

4. De combien de plombages Corinne a-t-elle besoin?

   ....

5. Qu'est-ce que Corinne donne au pharmacien?

   ....

6. Que veut-elle acheter?

   ....

7. Est-ce qu'elles se vendent chez le pharmacien?

   ....

SITUATIONAL EXERCISE

What would you say in the following situations?

1. You have a severe toothache.
2. You're a dentist, and you must explain to a patient that his (her) wisdom teeth must be extracted.
3. You're a patient, and you don't like to have a lot of X-rays taken.
4. You must tell the dentist that you think you have a cavity on the left-hand side of your upper teeth.
5. You must inform a patient that he (she) needs to have two fillings and an extraction.
6. You're at the pharmacy. Ask to have a prescription filled and buy some fluoride toothpaste.

AND NOW, IT'S YOUR TURN!

Act out the following situations with a partner.

1. Two people waiting in a dentist's reception room.
2. A dentist and a patient.
3. A pharmacist and a client.

DICTATION

....
....
....
....
....

CLASS ACTIVITY

The class is divided into as many groups as necessary to simulate dentists' offices (receptionist, dentist, assistant), pharmacies (pharmacist, assistant), and patients. Within each group, the patients go to the receptionist and explain their problem; he (she) sends them into the dentist's office. The dentist conducts an examination with the help of the assistant, writes out a prescription, takes X-rays, etc. The patient then goes to the pharmacy to have the prescription filled and to make some other purchases.

LISONS LES PETITES ANNONCES

Le langage des petites annonces est tout à fait spécial. Etes-vous capable de les lire et de les comprendre? Courage! Essayons!

carrières offres d'emplois

Importante entreprise PARIS, ch. jeune ingénieur-3 ans expér. télécommunications. Anglais courant. 200.000 F/an, 297-49-66.

Faubourg St-Honoré
VENDEURS (EUSES)
avec référ. dans prêt-à-porter féminin. Mi-temps et temps complet. Bilingues anglais. Tél. 265-52-33

HOPITAL AMÉRICAIN
rech. pour remplacement juillet-août-septembre
SECRÉTAIRE DACTYLO
ayant expér. min. 1 an dans service du personnel. Ecrire avec C.V. 63, bd Victor-Hugo, 92202 Neuilly-sur-Seine.

Résidence de luxe 8e cherche
VEILLEUR DE NUIT
BILINGUE ANGLAIS
très bonne présentation, références exigées.
Tél. après 12 h ce jour. 359-55-55.

MARS INTERIM
SECRÉTAIRES BILINGUES ANGLAIS possédant les deux sténos.
SECRÉTAIRES
STÉNODACTYLOS
DACTYLOS
OPÉRATRICES TRAITEMENT DE TEXTE
STANDARDISTES
TÉLEXISTES
OPÉRATRICES DE SAISIE
COMPTABLES
PERSONNEL EXPÉRIMENTÉ

138, rue du Havre (8e)
Tél. 727-61-15

COLLEGE-LYCEE contrat d'association, rech. professeur math.-physique. Septembre 85.
Ecr. MAITRISE DE MASSABIELLE
B.P. 245, POINTE-A-PITRE, 97157 GUADELOUPE.

LA COMTESSE DU MAINE
recherche
pour une nouvelle formule
de restauration rapide
de luxe
à PARIS-5e
2 SERVEUSES-HOTESSES
de très bonne présentation, 25 ans environ
(avec solides références dans la restauration).
Envoyer C.V. Œ photo couleur à Mme BRIN, comtesse du MAINE, 9, rue de Serres 75006 PARIS

Importante société rech. pour son siège Paris 18e son
CHEF COMPTABLE
(HOMME-FEMME)
Il-elle sera de formation D.E.C.S. pour :
— Comptabilité générale.
— Déclarations fiscales et sociales.
— Bilan.
Disponible immédiatement.
Adr. C.V., photo et prét. à Sté SOGICA, 10, rue Leibnitz, 75018 Paris.

immobilier ventes et achats

Appartements Ventes

ILE SAINT-LOUIS
Charmant 2 p., 3e étage, confort, clair. 633-38-30.

PRES REPUBLIQUE
Appts de 3, 4 et 5 pièces, dans immeuble neuf
PRET CONVENTIONNÉ
11,89 %
Bureau de vente ouvert tous les jours (sauf mercredi) de 10 h à 12 h et de 14 h à 19 h
149, rue Oberkampf
Tél. 700-11-09

CHAMP-DE-MARS
Elégant 3-4 p., 110 m2, calme, idéal pour couple. 1.600.000.
Sur pl. ce jour et demain, de 14 h 30 à 16 h 30, 30, av. Bosquet.

M° Jules-Joffrin, 3 P., 64 m2, 2e ét., s/jard., cave, parking en sous-sol, immeuble 1974. 252-05-21, après 20 heures.

HALLES. Immeuble rénové, STUDIOS, 2 P. et 3 p. REFAITS NEUF. Grand confort. Depuis 205.000 F. 727-37-19.

FOCH-FAISANDERIE
Récent. Grand standing, élégant studio 35 m2 environ. Cuisine équipée, salle de bains. LOGGIA. Idéal pied-à-terre 538-65-83.

14, RUE MESLAY
CHARMANT 5 p., 4e étage ascenseur. Sud. Ce jour 14 h à 16 heures ou 624-93-33.

MOTTE-PICQUET 2 p. avec mezzanine, tt cft, ét. élevé. 630.000 F. - 734-51-35.

RÉSIDENCE
ARTOIS-FLANDRE
— Studio avec balc., 240.000.
— 2 P., 300.000 et 330.000.
— 3 P. avec balc., 430.000 + parking, 18.000 F.
Imm. récent, tout confort.
Visite sur place de 10 à 18 h, 127, rue de Flandre,
M° Crimée. Tél. 607-36-23.

Appartements Achats

7e - 8e - 16e - 17e
Recherche URGENT pour clientèle banques et ambassades, APPTS 130 à 200 m2 STANDING R.C.I. 758-12-21, poste 41.

Recherche Appt 130 m2 min. 3 chbres, 16e 8e, 15e, tél. aux heures de bureau au 723-74-01, demander M. SAULT.

immobilier locations

Locations, offres vides

14, RUE BOURDONNAIS, Beau 4 P., duplex, cuis., bains, 7.800 Sur pl. 14 à 18 hr.

3, R. DE DURAS, près Elysées. Charmant studio 20 m2, refait neuf, kitchen, équipée, dche, w-c, 2.000 F, escalier B. 2e ét. De 12 h à 15 h. 563-07-77.

ETOILE. ORIGINAL
Living + 2 chbres en duplex Refait nf. 6.200 225-49-57

2, RUE BATIGNOLLES
STUDIO, tt cft, 3e ét., asc. 1.800 F Vis. ce jour 16 h-18 h.

PL. VOSGES. Superbe 3 p. en DUPLEX, parfait état, cuisine équipée, 2 bains, soleil. 7.500 Parking. 272-33-25.

Locations offres, Meublés, 1er ardt

OPERA NEUF, LUXE
Studio, tél. 2.500. 563-66-65.

HAVRE-CAUMARTIN. Standing. 2 P., tt cft, très bien meublé, 3.500 + 690. 237-35-36.

STUDIO TOUT CONFORT
tél., chauffage central.
1.800 F - 634-11-71.

MARAIS, studio pour étudiante, 1.250 ch. comp. Tél. 201-39-74.

Animaux

PENSION ANIMAUX
Chiens, chats, etc., en liberté sur 1 hectare, nuits dans la maison. Possibilité prise à domicile.
Tél. 424-82-14.

CHATONNE SIAMOISE abandonnée des vacances, attend foyer gentil et fidèle. 374-93-69.

Perdu-Trouvé

PERDU le 2-7 à 15 heures dans 5e « Kendo », chien de traineau. Forte récompense. Tél. 558-52-01.

Vacances Echanges

OU LOUE, AOUT, en Anjou Villa tennis-piscine privés contre bateau ou studio ski (41) 91-83-80 - (98) 57-08-07

Automobiles Locations

TRIOMPHE AUTO BASTILLE
DE LA 205 GTI A LA ROLLS
609-32-62

Voilà, vous les avez lues et peut-être que vous croyez avoir compris très peu de choses. Voyons si vous vous trompez. Si vous pouvez répondre correctement à 7 sur 10 des questions suivantes, vous avez bien réussi et vous pouvez même penser à écrire votre propre petite annonce.

1. Si vous voulez obtenir une forte récompense, que devez-vous trouver?
2. Il y a plusieurs offres d'emplois pour des candidats bilingues. Quelle langue, en plus du français, doivent-ils connaître?
3. Est-ce que le studio à louer meublé dans le Marais est pour un jeune homme ou une jeune femme?
4. Comment s'appelle la personne à qui l'on doit téléphoner si on a un grand appartement à vendre?
5. Est-ce qu'il coûte moins cher de louer un duplex à l'Etoile ou à la Place des Vosges?
6. Quel poste serait très intéressant pour un étudiant qui ne peut pas travailler pendant la journée?
7. Si vous voulez acheter un studio, à quels numéros de téléphone téléphonerez-vous?
8. Pour louer une Rolls-Royce à qui s'adresse-t-on?
9. Avant de partir en vacances, à quel numéro téléphonerez-vous pour mettre votre chatonne siamoise en pension?
10. En quelle région de France pouvez-vous passer le mois d'août si vous ne voulez pas partir sur votre bateau?

Allez-y: écrivez la vôtre maintenant!

....

....

....

....

....

Name.. Section....................................... Date ....

LESSONS 16–20

VOCABULARY REVIEW

A. Circle the word or phrase that does not belong in each group.

1. repeindre, refaire, revoir
2. heurter, rentrer dans, panser
3. le coiffeur, le sous-sol, la coiffeuse
4. investir, placer, obtenir
5. la carie, le plombage, l'instant
6. désagréable, spacieux, énorme
7. la douleur, la bosse, le volant
8. le séchoir, le sous-sol, la mise en plis
9. le domicile, les actions, la Bourse
10. le pharmacien, l'ordonnance, la raison
11. salut, à table, bonjour
12. blesser, saigner, bloquer
13. le fauteuil, le shampooing, la lotion
14. l'argent, le chèque, le cas
15. le dentifrice, la suite, la pâte dentifrice
16. la saison, le mois, l'apéritif
17. la faute, l'œil au beurre noir, la bosse
18. le rasoir, le vestiaire, les ciseaux
19. le genre, le versement, les fonds
20. la carie, la couche, le fluor
21. le meuble, la chance, le fauteuil
22. la douleur, la voiture, le poids-lourd
23. l'étage, la patte, le sous-sol
24. le chèque, le chéquier, l'action
25. s'occuper de, soigner, rapporter
26. avoir peur, promettre, craindre
27. le pansement, l'accident, la piqûre
28. content, heureux, évident
29. le crédit, la finance, le cas
30. l'étang, la copine, l'amie
31. après, enfin, avant
32. saigner, confirmer, panser
33. la coiffure, la permanente, la manucure
34. le récépissé, la valeur, le bordereau
35. le plombage, le délai, le dentiste
36. apporter, rapporter, vendre
37. l'accident, l'urgence, le volant

38. le salon, la frange, la patte
39. la banque, le versement, le cas
40. le problème, la devanture, la raison
41. habiter, vivre, inviter
42. le livret, le bordereau, l'inflation
43. la douleur, l'accident, la route
44. la manucure, l'étage, la mise en plis
45. la finance, le millier, la banque
46. inviter, rendre visite, refaire
47. le taux, la valeur, la propriétaire
48. le dentifrice, la radiographie, la commotion cérébrale
49. la permanente, le séchoir, le fauteuil
50. décolorer, rire, peigner

B. Circle the appropriate word or phrase in order to complete each of the following sentences. Then read the sentence aloud.

1. J'ai peur des (mises en plis, accidents, versements).
2. Après l'accident elle avait mal à la (jambe, douleur, rasoir).
3. Pour faire une mise en plis il faut mettre des (cheveux, radios, bigoudis).
4. A la banque on remplit des (fonds, actions, bordereaux).
5. Elle doit acheter des (couches, livrets, sous-sols).
6. Un fauteuil est un (rasoir, séchoir, meuble).
7. Le médecin (panse, pousse, prescrit) une piqûre.
8. Le coiffeur (rince, raccourcit, dépose) les franges.
9. Nous (plaçons, endossons, choisissons) notre argent.
10. Le fluor protège contre (la carie, la suite, la sagesse).
11. Elle boit (l'étang, l'apéritif, la piqûre).
12. Je me suis coupé (les ciseaux, la jambe, le dentiste).
13. (Malheureusement, subitement, partout), je ne suis pas allé à la banque hier.
14. Quand on a des caries, on va chez (le coiffeur, le pharmacien, le dentiste).
15. Mon mari a les cheveux (démêlants, heureux, ternes).
16. Déposez vos affaires dans (la pharmacie, le vestiaire, l'hôpital).
17. Un poids-lourd a (survécu, bloqué, heurté) la route.
18. Il va couper les cheveux sur la (coiffeuse, coupe, nuque).
19. Il a oublié son justificatif de (livret, domicile, bordereau).
20. Nous n'aimons pas que l'on nous fasse trop de (suites, sagesses, radios).
21. Nous avons invité des (copains, apéritifs, chances).
22. Quand on a un accident, on va (à la pharmacie, à la salle d'urgence, chez le coiffeur).
23. Cette nouvelle coupe est à la (mode, coiffure, frange).
24. Elle veut (suggérer, endosser, ouvrir) un compte.
25. Les couches s'achètent chez le (dentiste, coiffeur, pharmacien).
26. Ne vont-ils pas (promettre, repeindre, inviter) le mur?
27. Il a heurté (le pansement, la bosse, le volant).
28. Je vous suggère (un après-shampooing, un sous-sol, des restes).
29. Les actions sont cotées à (l'inflation, la valeur, la Bourse).

Name.. Section......................... Date ....

30. Si on a des caries, il faut faire des (devantures, fluors, plombages).
31. Nous avons (refait, craint, invité) nos meubles.
32. Je me suis (adressé, blessé, arraché) dans un accident.
33. J'ai besoin d'une lotion (préférable, démêlante, longue).
34. S'il vous plaît, (suggérez, endossez, cotez) votre chèque.
35. Les jeunes étudiants (remontaient, décoloraient, riaient) de plaisir.
36. Ils ont dû (apporter, repeindre, inviter) la maison.
37. La voiture est (vécu, rentrée, blessée) dans un arbre.
38. S'il vous plaît, (abîmez, rincez, poussez) bien mes cheveux.
39. Ma (propriétaire, difficulté, finance) m'a donné un justificatif de domicile.
40. Vous auriez (chargé, dû, arraché) venir hier.

C. Match the items in column A with those in column B. Then read the sentences aloud.

A	B
1. Les fauteuils sont	_____ il me faut un bordereau rouge.
2. Ma voiture est très abîmée;	_____ faire des radiographies.
3. Elle voudrait que l'on	_____ ne jamais les revoir.
4. J'ai de l'argent à déposer;	_____ j'ai heurté un arbre.
5. J'ai mal aux dents;	_____ n'allions au restaurant.
6. Il faut	_____ on s'adresse à un infirmier.
7. Si nous avons le temps	_____ tu ferais pousser les pattes.
8. Il me faut de l'argent avant que nous	_____ soyons chez lui.
9. On craignait	_____ côte à côte.
10. Afin de se faire soigner	_____ nous irons chez le coiffeur.
11. C'est sûr que le médecin	_____ je dois aller chez le dentiste.
12. Si tu suivais la nouvelle mode	_____ va te faire une piqûre.
13. Pour ouvrir un compte en banque	_____ tu viennes dîner chez moi.
14. Est-il possible	_____ lui fasse une manucure.
15. Il aurait préféré que nous	_____ il faut avoir un justificatif de domicile.

D. **Write the following words or phrases in French in the blanks provided. What expression is formed vertically?**

1. kitchen
2. steering wheel
3. to believe
4. dull
5. receipt
6. hi!
7. to extract
8. armchair
9. to ruin
10. to laugh
11. to push
12. wall
13. to live
14. toothpaste
15. luck
16. hair dryer
17. checkbook
18. cavity

E. *Mots Croisés.* **(Lessons 16–20). Use the clues provided below to complete the crossword puzzle.**

HORIZONTAL

1. J'habite au 2ᵉ _____ .
2. Je vais _____ les franges.
3. Il a un _____ avancé de programmateur.
4. pas difficilement
5. On boit l'_____ avant le dîner.
6. une saison
7. Un _____ de domicile
8. Il y a un _____ au delà du jardin.
9. très vite
10. une lotion _____
11. un compte en _____
12. faire quelque chose sans _____
13. un _____ de huit jours
14. Pour retirer des fonds il faut présenter le _____ .
15. Ils riaient et souriaient de _____ .
16. Les _____ ne sont plus à la mode.
17. Le dentiste fera cinq _____ .
18. peindre encore une fois
19. Dans ce _____ , vous ne pourrez pas toucher votre argent.
20. Faites-vous _____ vos cheveux?
21. Voulez-vous _____ votre chéquier?
22. Nous allons _____ des amis à dîner.
23. des _____ cotées à la Bourse
24. Elle veut une coupe et une _____ .
25. un meuble
26. Un chéquier est rempli de _____ .
27. Un justificatif de _____
28. Il faut _____ le chèque.
29. Ont-ils acheté des actions cotées à la _____ ?
30. J'ai rempli un _____ rouge à la banque.

VERTICAL

1. Ils riaient et _____ .
2. un après-_____
3. les cheveux un peu _____
4. le chemin
5. Il faut éviter les _____ de voiture.
6. Elle donne l'ordonnance à la _____ .
7. On les utilise pour faire une mise en plis.
8. pas avant mais _____
9. tout de suite
10. contente
11. pas agréable
12. _____ les cheveux
13. Tu vas _____ de venir me voir.
14. Nous allons vérifier votre _____ .
15. Il s'occupe des cheveux.
16. Une coupe aux _____
17. Quand je dépose de l'argent à la banque, on me donne un _____ .
18. Il faut _____ la dent.
19. une demande d'_____ de compte
20. des _____ de bébé
21. Je voudrais _____ des fonds.
22. un dentifrice au _____
23. Une _____ d'ouverture de compte chèques
24. Vous _____ du nez.
25. Le poids-lourd va nous _____ la route.
26. des _____ de l'intervention

VOCABULARY

French–English

A

à at, to, in
à cause de because of
à côté de next to
à deux for two
à droite de to, on the right of
à gauche de to, on the left of
à la mode in style
à partir de from
à peu près approximately, about
à pied on foot
à table at the table
abîmer to damage
abricot (*m.*) apricot
accélérer to accelerate, to speed up
accepter to accept
accident (*m.*) accident
accompagner to accompany
accoster to approach
accueillir to welcome
acheter to buy
action (*f.*) stock
addition (*f.*) bill
adresse (*f.*) address
aéroport (*m.*) airport
affaires (*f. pl.*) business, belongings
affranchissement (*m.*) postage
afin de in order to
âge (*m.*) age
agence (*f.*) agency: ___ **de location voitures** car-rental agency; ___ **de voyage** travel agency
agent (*m.*) **(de change, de police)** stockbroker, policeman
agréable pleasant
aïe! ouch!
aimer to like, to love
ainsi thus
aller to go

aller-retour (*m.*) round-trip ticket
allez-y go ahead
américain(e) American
ami(e) (*m. & f.*) friend
annonce (*f.*) announcement
apéritif (*m.*) aperitif
appareil-photo (*m.*) camera
appartement (*m.*) apartment
appartenir à to belong to
appeler to call
apporter to bring
après after
après-midi (*m. & f.*) afternoon
après-shampooing (*m.*) hair conditioner
argent (*m.*) money
arracher to extract
arrêt (*m.*) stop
arrivée (*f.*) arrival
arriver to arrive; ___ **à quelqu'un** to happen to someone
aspirine (*f.*) aspirin
assez (de) enough (of)
assister à to attend
attacher to attach
attendre to wait for
attention watch out
atterrir to land
attraper to catch
au-dessus de above
au fond de at the end of
au moins at least
au revoir good-bye
au secours help
au voleur! stop! thief!
augmenter to increase
aujourd'hui today
aussi also, as
autobus (*m.*) bus
automatique automatic

autre other
avancé(e) advanced
avancer to advance, to move forward
avant before
avant que ... (ne) before
avantageux(se) beneficial
avec with
avion (*m.*) plane
avoir to have
avoir ___ ans to be ___ years old
avoir besoin de to need
avoir du monde to be crowded
avoir faim to be hungry
avoir hâte to be in a hurry
avoir l'air to seem
avoir mal à to hurt
avoir peur de to be afraid of
avoir raison to be right
avoir soif to be thirsty
avoir sommeil to be sleepy

B

bagage (*m.*) baggage
baguette (*f.*) loaf of bread
ballade (*f.*) walk
banque (*f.*) bank
beau (bel, belle) beautiful, handsome
beaucoup de a lot of, many, much
bébé (*m.*) baby
bien well
bien entendu of course
bien que although
bientôt soon
bifteck (*m.*) steak
bigoudi (*m.*) curler
billet (*m.*) ticket

(se) blesser to hurt
blond(e) blond
bloquer to block
boire to drink
boisson (*f.*) drink
boîte (*f.*) box
boîte (*f.*) **automatique** automatic shift
bon(ne) good
bonjour hello, good day
bordereau (*m.*) form
bosse (*f.*) bump
bouche (*f.*) mouth
boucher(ère) (*m. & f.*) butcher
boulangerie (*f.*) bakery
Bourse (*f.*) Stock Exchange
bouteille (*f.*) bottle
brun(e) brown, brunette
bureau (*m.*) office; ___ **de poste** post office

C

cachet (*m.*) tablet
café (*m.*) coffee
café-tabac (*m.*) café (*where tobacco is also sold*)
caisse (*f.*) cash register
caissier(ère) (*m. & f.*) cashier
calculer to calculate, to add up
calme (*m.*) calm
calme quiet
candidature (*f.*) candidacy
carafe (*f.*) carafe
carie (*f.*) cavity, decay
carnet (*m.*) book (of tickets)
carte (*f.*) menu, card
carte de crédit (*f.*) credit card
cartouche (*f.*) carton
cas (*m.*) case
casse (*f.*) breakage
cathédrale (*f.*) cathedral
ceinture (*f.*) belt
certain(e) certain
certificat (*m.*) certificate
c'est tout that's all
chair (*f.*) flesh
chair (*f.*) **de poule** gooseflesh
chambre (*f.*) bedroom
champagne (*m.*) champagne
champignon (*m.*) mushroom
chance (*f.*) luck
changement (*m.*) change
chapeau (*m.*) hat
chaque each
charger to instruct

chariot (*m.*) cart
chemin (*m.*) road
chèque (*m.*) check
chèque (*m.*) **de voyage** traveler's check
chéquier (*m.*) checkbook
cher(ère) expensive
chercher to look for
chéri(e) (*m. & f.*) darling
cheveux (*m. pl.*) hair
chèvre (*f.*) goat
chèvre (*m.*) goat cheese
chiffre (*m.*) number
chocolat (*m.*) chocolate
choisir to choose
choix (*m.*) choice
chose (*f.*) thing
cigare (*m.*) cigar
cigarette (*f.*) cigarette
ciseaux (*m. pl.*) scissors
clé (*f.*) key
clémentine (*f.*) tangerine
client (*m.*) client
clochard (*m.*) bum
code (*m.*) code
coiffeur(se) (*m. & f.*) hair stylist
coiffure (*f.*) hairdo
coin (*m.*) corner
colis (*m.*) postal package
coller to stick
combien how much, how many
commande (*f.*) order, command
comme as
commencer to start
comment how
commerçant (*m.*) merchant
commotion (*f.*) **cérébrale** concussion
compartiment (*m.*) compartment
complet(ète) complete
compris(e) included
comptabilité (*f.*) bookkeeping
comptable (*m.*) bookkeeper
compte (*m.*) **(en banque)** (*bank*) account
compte (*m.*) **chèques** checking account
compte (*m.*) **de dépôt** savings account
conducteur (*m.*) driver
conduire to drive
confirmation (*f.*) confirmation
confirmer to confirm
connaître to know
conseiller to advise

constater to note
consulter to consult
content(e) content, happy
continuer to continue
contravention (*f.*) traffic ticket
contre against
contrôler to control
convenir à to suit
copain, copine (*m. & f.*) pal
correctement properly
correspondance (*f.*) subway connection
côte (*f.*) chop; ___ **de porc** pork chop
côte à côte side by side
coter to quote (*financial*)
couche (*f.*) diaper
couchette (*f.*) berth
coup (*m.*) **de téléphone** telephone call
coupable guilty
coupe (*f.*) cut
coupon (*m.*) ticket
cour (*f.*) courtyard
courrier (*m.*) mail
cours (*m.*) course
course (*f.*) errand
coûter to cost
couvert (*m.*) place setting
couvert(e) covered
craindre to fear, to be afraid of
crédit (*m.*) credit
crier to shout
croire to believe
crudité (*f.*) raw vegetable
cuisine (*f.*) kitchen

D

d'abord first
d'ailleurs in any case
dame (*f.*) lady
dans in, into
d'avance in advance
de of, from
de la part de qui who's calling
débarquement (*m.*) landing
décider to decide
déclarer to declare
décoller to take off
décolorer to bleach
découvrir to discover
décrire to describe
défrayer to defray
déjà already
déjeuner (*m.*) lunch

délai (*m.*) delay
demain tomorrow
demande (*f.*) request
demander to ask for
demi-heure (*f.*) half hour
dent (*f.*) dent
dentifrice (*m.*) toothpaste
dentiste (*m. & f.*) dentist
départ (*m.*) departure
déposer to deposit
depuis since, for
depuis combien de temps how long
dernier(ère) last
dès que as soon as
désagréable unpleasant, disagreeable
descendre to go down, to descend
désirer to want, to desire
dessert (*m.*) dessert
destinataire (*m.*) addressee
destination (*f.*) destination
destiner to be meant for
devant in front of
devanture (*f.*) window display
devenir to become
devoir have to, must, ought to, owe
différence (*f.*) difference
difficulté (*f.*) difficulty
dimanche (*m.*) Sunday
diminuer to lessen
dîner (*m.*) dinner
dîner to dine
diplôme (*m.*) diploma
dire to say
direct(e) direct
directement directly
direction (*f.*) direction
disposer de to have at one's disposition, to dispose of
docteur (*m.*) doctor
domicile (*m.*) domicile, residence
dommage (*m.*) damage
donc therefore
donner (sur) to give (to overlook)
dossier (*m.*) file
douane (*f.*) customs
douanier(ère) (*m. & f.*) customs' officer
doubler to pass (*on the road*)
douche (*f.*) shower
douleur (*f.*) ache, pain
doute (*m.*) doubt
dragueur (*m.*) girl-chaser
droit (*m.*) fee, tax
droite (*f.*) right (*direction*)

E

eau (*f.*) water
éclair (*m.*) eclair
école (*f.*) school
économies (*f. pl.*) savings
économiser to economize, save (*money*)
écrire to write
édifice (*m.*) building
emballage (*m.*) packaging
emballer to package
employé(e) (*m. & f.*) employee
en in
en même temps at the same time
en première first-class
en règle in order
en retard late
en seconde second-class
endosser to endorse
endroit (*m.*) place
enfant (*m. & f.*) child
enfin finally
énorme enormous
énormément enormously
ensemble together
ensuite next
entendre to hear
entrée (*f.*) entry, entrance fee
entrer dans to enter
entrevue (*f.*) interview
envoyer to send
épicier(ère) (*m. & f.*) grocer
erreur (*f.*) error
espérer to hope
et avec ceci and with this (that)
étage (*m.*) floor (*of a building*)
étalage (*m.*) display
étang (*m.*) pond
étiquette (*f.*) label
être to be; ___ **en train de** to be in the process of
étudier to study
éviter to avoid
exact(e) exact
exagérer to exaggerate
excellent(e) excellent
excès (*m.*) excess
excusez-moi excuse me
exister to exist
expédier to mail

expliquer to explain
extraordinaire extraordinary
extrêmement extremely

F

facile easy
facilement easily
faire to make, to do
faire froid to be cold
falloir to have to, must
fatigué(e) tired
faute (*f.*) fault
fauteuil (*m.*) armchair
femme (*f.*) woman
fermer to close
feuille (*f.*) paper
fiancé(e) (*m. f.*) fiancé(e)
ficelle (*f.*) string
fiche (*f.*) official form
fièvre (*f.*) fever
fille (*f.*) daughter, girl
film (*m.*) film
fils (*m.*) son
finance (*f.*) finance
finir to finish
fiscal(e) fiscal
fixe fixed
flan (*m.*) custard tart
fluor (*m.*) fluoride
foire (*f.*) fair
fois (*f.*) time
fois: une ___ once
fonds (*m.*) cash
formidable great
formulaire (*m.*) official form
frais(aîche) fresh
franc (*m.*) franc
français(e) French
franges (*f. pl.*) bangs
frisé(e) curly
fromage (*m.*) cheese
fromager(ère) (*m. & f.*) cheese merchant
fruit (*m.*) fruit

G

garantir to guarantee
garçon (*m.*) waiter
gare (*f.*) station
gendarme (*m.*) policeman
genre (*m.*) type
gens (*m. pl.*) people
gentil(le) nice
grâce à thanks to

gramme (*m.*) gram
grand(e) big, tall
gratuit(e) free
grave serious, grave
grippe (*f.*) flu
gros(se) big, fat
guichet (*m.*) (*ticket*) window

H

habiter to live
hé! hey!
hebdomadaire weekly
heure (*f.*) hour
heureux(se) happy
heurter to hit
hier (*m.*) yesterday
hiver (*m.*) winter
homme (*m.*) man
hôpital (*m.*) hospital
horaire (*m.*) timetable
hors-taxes duty-free
hôtel (*m.*) hotel
hôtesse (*f.*) flight attendant, stewardess, hostess
hurlement (*m.*) scream

I

ici here
idée (*f.*) idea
identité (*f.*) identity
il y a there is, are
île (*f.*) island
illimité(e) unlimited
immédiatement immediately
impatient(e) impatient
impoli(e) impolite
importer to import
importuner to annoy
incroyable unbelievable
indication (*f.*) direction
indiquer to indicate
inférieur(e) lower
infirmier(ère) (*m. & f.*) nurse
inflation (*f.*) inflation
instant (*m.*) instant
intéressant(e) interesting
intéresser to interest
intérêt (*m.*) interest
international(e) international
intervention (*f.*) intervention (*medical*)
intestinal(e) intestinal
investir to invest
inviter to invite

J

jambe (*f.*) leg
jardin (*m.*) garden
jeune young
Joconde (*f.*) Mona Lisa
joli(e) pretty
jour (*m.*) day
journal (*m.*) newspaper
journée (*f.*) day (*duration*)
jus (*m.*) juice
jusqu'à as far as
jusqu'à ce que until
justificatif (*m.*) proof

K

kilométrage (*m.*) mileage (*calculated in kilometers*)
kilomètre (*m.*) kilometer
kiosque (*m.*) kiosk, newsstand

L

là there
là-bas over there
laisser to leave
librement freely
lire to read
liste (*f.*) list
lit (*m.*) bed
livre (*f.*) pound
livre (*m.*) **de comptes** account book, ledger
livret (*m.*) bankbook
location (*f.*) rental
loin de far from
long(ue) long
longer to walk along
longtemps for a long time
lotion (*f.*) lotion
louer to rent
lourd(e) heavy
Louvre (*m.*) Louvre Museum

M

Madame Madam, ma'am
Mademoiselle Miss
magasin (*m.*) store
magnifique magnificent
maintenant now
mais but
maison (*f.*) house
mal badly
malade sick
malfaiteur (*m.*) troublemaker
malheureusement unfortunately
Maman (*f.*) Mama
manifester to show
manquer (*à quelqu'un*) to miss (*someone*)
manucure (*f.*) manicure
marchand (*m.*) merchant
marché (*m.*) market
matin (*m.*) morning
médecin (*m.*) doctor
médicament (*m.*) medicine
même same
mener to lead
mensuel(le) monthly
menu (*m.*) menu
mer (*f.*) sea
merci thank you
mercredi (*m.*) Wednesday
mériter to deserve
métier (*m.*) job, profession
métro (*m.*) subway
mettre to put
meuble (*m.*) piece of furniture
mignon(ne) cute
millier (*m.*) thousand
minéral(e) mineral
minute (*f.*) minute
mise en plis (*f.*) hair set
mode (*f.*) style
moins less
mois (*m.*) month
moment (*m.*) moment
monde (*m.*) world
Monsieur Mr.
montant (*m.*) sum
monter to go up
montrer to show
morceau (*m.*) piece
mousse (*f.*) mousse; ____ **au chocolat** chocolate mousse
mur (*m.*) wall
musée (*m.*) museum

N

ne...personne no one
ne quittez pas hold on
ne...rien nothing
nécessaire necessary
nerveux(se) nervous
nettement sharply
neuf (neuve) new
nez (*m.*) nose
noir(e) black

nom (*m.*) name
non no
non plus either
nouveau (*nouvel, nouvelle*) new
numéro (*m.*) number
nuque (*f.*) nape (*of the neck*)

O

obtenir to obtain
œil (*m.*) eye; —— **au beurre noir** black eye
offre (*f.*) offer
offrir to offer; —— **un pot à** buy (*someone*) a drink
orange (*f.*) orange
ordinateur (*m.*) computer
ordonnance (*f.*) prescription
ou or
où where
oublier to forget
ouf! phew!
oui yes
ouvert(e) open
ouverture (*f.*) opening
ouvrir to open

P

pâle pale
pansement (*m.*) bandage
Papa (*m.*) Papa
papier (*m.*) paper
paquet (*m.*) package
par avion airmail
par hasard by chance
par ici this way
par jour a day
parce que because
pardon pardon me
parfait(e) perfect
parisien(ne) Parisian
partir to leave
partout everywhere
pas vraiment not really
passager(ère) (*m. & f.*) passenger
passant(e) (*m. & f.*) passerby
passeport (*m.*) passport
passer to pass, to spend (*time*)
pâte dentifrice (*f.*) toothpaste
patience (*f.*) patience
patte (*f.*) sideburn
pauvre poor
payable à l'arrivée C.O.D.
payer to pay

peigner to comb
peine (*f.*) trouble
pendant during
pendant que while
perdre to lose
permanente (*f.*) permanent
permis (*m.*) permit
perte (*f.*) loss
peser to weigh
petit(e) little
petit(e) (*m. & f.*) little one
petit déjeuner (*m.*) breakfast
peu grave not serious
peut-être perhaps
pharmacie (*f.*) pharmacy
pharmacien(ne) (*m. & f.*) pharmacist
photo (*f.*) photo
pièce (*f.*) piece
piqûre (*f.*) injection
place (*f.*) seat, square
placer to invest, to place
plaire to please
plaisir (*m.*) pleasure
plan (*m.*) map, plan
plombage (*m.*) filling
plus tard later
plus tôt earlier
poids-lourd (*m.*) truck
poisson (*m.*) fish
police (*f.*) police
poli(e) polite
pomme de terre (*f.*) potato
pont (*m.*) bridge
porte (*f.*) door
portefeuille (*m.*) wallet
porte-habit (*m.*) folding suitcase
porter to carry, to wear
porteur (*m.*) porter
possible possible
postal(e) postal
poste (*f.*) post office, mail
poste (*m.*) job
pour for, in order to, to
pour que in order that, so that
pourboire (*m.*) tip
pourquoi why
pousser to grow, to push
pouvoir to be able, can
pratique practical
précisément precisely
préférer to prefer
premier(ère) first
prendre to take
préparer to prepare
prescrire to prescribe

présenter to present
prix (*m.*) price
problème (*m.*) problem
procès-verbal (*m.*) official report
profiter de to take advantage of
programmateur(trice) (*m. & f.*) computer programmer
promettre to promise
propriétaire (*m. & f.*) owner
prudemment prudently
puis then

Q

quai (*m.*) embankment
quand when
quand même just the same
quartier (*m.*) district
quel(le) which, what
quelque chose something
quelque part somewhere
quelques (*pl.*) a few, several, some
quelqu'un someone
queue (*f.*) line
quitter to leave (*a person, a place*)

R

raccourcir to shorten
radiographie (radio) (*f.*) X-ray
raison (*f.*) reason
rapide rapid, fast
rapporter to bring back
rasoir (*m.*) razor
réaliser to realize
récépissé (*m.*) receipt
réception (*f.*) reception desk
réceptionniste (*m. & f.*) receptionist
recommander to recommend, to insure (*mail*)
redescendre to get off of, to come down again
refaire to redo
regarder to look at
régime (*m.*) mode
remonter to go up again
remplacer to replace
remplir to fill out
rendez-vous (*m.*) appointment
rendre visite à to visit someone
renseignement (*m. pl.*) directions

rentrer to return (*home*)
rentrer dans to hit
repas (*m.*) meal
repeindre to repaint
réservation (*f.*) reservation
restaurant (*m.*) restaurant
rester to remain
restes (*m. pl.*) remains
retéléphoner to phone again
retenir to reserve
retirer to withdraw
retourner to return
révéler to reveal
revenir to come back, to return
ridicule silly
rincer to rinse
rire to laugh
rôder to roam
rouge red
rouler to drive
route (*f.*) road
rue (*f.*) street

S

sac (*m.*) bag; —— **à provisions** shopping bag
s'adresser à to appeal to, to ask
s'affoler to become upset
sagesse (*f.*) wisdom
s'agir de to be a question of
s'habiller to dress
saignant(e) rare (*meat*)
saigner to bleed
saison (*f.*) season
salade (*f.*) salad
salle (*f.*) **de bains** bathroom
salon (*m.*) living room, salon
salut hi
sans without
sans raison without any reason
santé (*f.*) health
s'asseoir to sit down
savoir to know
(se) couper to cut (*oneself*)
se dépêcher to hurry
se fatiguer to tire
se laver to wash
se moquer de to make fun of
se renseigner to find out about
se retrouver to meet (*deliberately*)
se sentir to feel
séchoir (*m.*) dryer
second(e) second
séjour (*m.*) stay
semaine (*f.*) week

service (*m.*) service
serviette (*f.*) briefcase
servir to serve
seulement only
s'excuser to excuse oneself
shampooing (*m.*) shampoo
si if, yes, so
si possible if possible
s'il vous plaît please
simple simple
simplement simply
s'inquiéter to worry
sirène (*f.*) siren
s'occuper to take care of
sociologie (*f.*) sociology
soif (*f.*) thirst
soigner to care for
soigneusement carefully
soir (*m.*) evening
soleil (*m.*) sun
solidement solidly
sortir to leave
sou (*m.*) penny
soudain suddenly
souffrir to suffer
souhaiter to with
soupe (*f.*) soup; —— **à l'oignon** onion soup
sourire to smile
sous-sol (*m.*) downstairs, basement
souvent often
spacieux(se) spacious
steward (*m.*) steward
stupéfiant(e) amazing
subir to undergo
subitement suddenly
suffire to suffice
suggérer to suggest
suisse Swiss
suite (*m.*) result
suivre to follow
superbe superb
supérieur(e) upper
supermarché (*m.*) supermarket
survivre to survive
sypathique nice
symptôme (*m.*) symtom
système (*m.*) system

T

tableau (*m.*) picture
tamponner to stamp
tant pis too bad
tarif (*m.*) rate

tarte (*m.*) pie; —— **aux abricots** apricot pie
taux (*m.*) rate
téléphoner to telephone
tellement so much
température (*f.*) temperature
temps (*m.*) time
tenir to hold
terminer to finish
terrine (*f.*) terrine; —— **de canard** duck terrine
tête (*f.*) head
ticket (*m.*) ticket
tiens! say!
timbre (*m.*) stamp
toilettes (*f. pl.*) toilet (*bathroom*)
toucher to touch, to receive (*money*)
toujours always
tourner to turn
tousser to cough
tout(e), tous (toutes) all
tout de suit immediately
tout le monde everybody
tout près nearby
traiter to treat
tranquille calm, quiet
transport (*m.*) transportation
travail (*m.*) work
traverser to cross
très very
trop too
trouver to find

U

un peu de a little of
uniquement only
universite (*f.*) university
urgence (*f.*) emergency
usagé(e) used
utiliser to use

V

vacances (*f. pl.*) vacation
valable valid
valeur (*f.*) value
valise (*f.*) suitcase
valoir to be worth
veau (*m.*) veal
véhicle (*m.*) vehicle
vendre to sell
venir to come
venir de to have just

vérifier to verify
vers toward
versement (*m.*) deposit
vert(e) green
vestiaire (*m.*) coatroom
viandre (*f.*) meat
ville (*f.*) city
vin (*m.*) wine
visite (*f.*) visit
visiter to visit
vite quickly
vitrine (*f.*) shop window
vivre to live

voici here is, are
voilà there is, are
voir to see
voisin(e) (*m. & f.*) neighbor
voiture (*f.*) car
vol (*m.*) flight
volant (*m.*) steering wheel
voler to steal
voleur (*m.*) thief
vomissement (*m.*) vomiting
vouloir to want
voyage (*m.*) journey, voyage
voyager to travel

voyageur (*m.*) traveler
vrai(e) true
vraiment really

W

wagon-lit (*m.*) sleeper
whisky (*m.*) whiskey

Y

yeux (*m. pl.*) eyes (**œil** eye)

English–French

A

a day par jour
a few quelques
a little of un peu de
a lot of beaucoup de
above au-dessus de
accelerate accélérer
accept accepter
accident accident (*m.*)
accompany accompagner
account (*bank*) compte (*m.*) (en banque)
account (*book, ledger*) livre (*m.*) de comptes
ache douleur (*f.*)
add up calculer
address adresse (*f.*)
addressee destinataire (*m. & f.*)
advance avancer
advanced avancé(e)
advise conseiller
after après
afternoon après-midi (*m.*)
against contre
age âge (*m.*)
agency agence (*f.*)
airmail par avion
airplane avion (*m.*)
airport aéroport (*m.*)
all tout(e) tous (toutes)
almost à peu près
already déjà
also aussi
although bien que
always toujours
amazing stupéfiant(e)
American américain(e)
amount montant (*m.*)
and et
and with this? et avec ceci?
announcement annonce (*f.*)
annoy importuner
apartment appartement (*m.*)
appear avoir l'air
aperitif apéritif (*m.*)
appeal to s'adresser à
appointment rendez-vous (*m.*)
approach accoster
apricot abricot (*f.*)
armchair fauteuil (*m.*)
around vers
arrival arrivée (*f.*)
arrive arriver
as aussi, comme
as far as jusqu'à
as soon as dès que
ask for demander
aspirin aspirine (*f.*)
at least au moins
at the end of au fond de
at the same time en même temps
at the table à table
attach attacher
attend assister à
automatic shift boîte (*f.*) automatique
avoid éviter

B

baby bébé (*m.*)
badly mal
bag sac (*m.*); **shopping ___** sac à provisions
baggage bagage (*m.*)
baker boulanger(ère) (*m. & f.*)
bakery boulangerie (*f.*)
bandage pansement (*m.*)
bangs franges (*f.*)
bank banque (*f.*)
bank account compte (*m.*) en banque
basement sous-sol (*m.*)
bathroom salle (*f.*) de bains
be être
be a question of s'agir de
be able pouvoir
be afraid avoir peur, craindre
be cold avoir froid
be crowded avoir du monde
be hungry avoir faim
be in a hurry avoir hâte
be in the act of être en train de
be meant for destiner
be right avoir raison
be sleepy avoir sommeil
be thirsty avoir soif
be worth valoir
be ___ years old avoir ___ ans
beautiful beau, bel, belle
beauty salon salon (*m.*) de beauté
because parce que
become devenir
become upset s'affoler
bed lit (*m.*)
bedroom chambre (*f.*)
before avant, avant que
begin commencer
believe croire
belong to appartenir à
belongings affaires (*f. pl.*)
belt ceinture (*f.*)
beneficial avantageux(se)
berth couchette (*f.*)
besides d'ailleurs
better meilleur(e), mieux
big grand(e), gros(se)
bill addition (*f.*)
black noir(e)
black eye œil (*m.*) au beurre noir
bleach décolorer
bleed saigner
block bloquer
blond blond(e)
book (*of tickets*) carnet (*m.*)
bookkeeper comptable (*m.*)
bookkeeping comptabilité (*f.*)
bottle bouteille (*f.*)
breakage casse (*f.*)
breakfast petit déjeuner (*m.*)
bridge pont (*m.*)
briefcase serviette (*f.*)
bring apporter; **___ back** rapporter
brown brun(e)
brunette brun(e)
Brussels Bruxelles
building édifice (*m.*)
bum clochard
bump bosse (*f.*)
bus autobus (*m.*)
business affaires (*f. pl.*)
but mais
butcher boucher(ère) (*m. & f.*)
buy acheter; **___ (someone) a drink** offrir un pot à (quelqu'un)
by chance par hasard

C

calculate calculer
café (*where tobacco is also sold*) café-tabac (*m.*)
call appeler
calm calme (*m.*)
calm calme, tranquille
camera appareil-photo (*m.*)
can pouvoir
candidacy candidature (*f.*)
car voiture (*f.*)
car-rental agency agence (*f.*) de location de voitures
card carte (*f.*), fiche (*f.*)
care for soigner

carefully soigneusement
cart chariot (*m.*)
carton cartouche (*f.*)
case cas (*m.*)
cash fonds (*m.*)
cash register caisse (*f.*)
cashier caissier(ère) (*m. & f.*)
catch attraper
cathedral cathédrale (*f.*)
cavity carie (*f.*)
certain certain(e)
certificate certificate (*m.*)
champagne champagne (*m.*)
change changement (*m.*)
check chèque (*m.*)
checkbook chéquier (*m.*)
checking account compte chèques (*m.*)
cheese fromage (*m.*)
cheese merchant fromager(ère) (*m. & f.*)
child enfant (*m. & f.*)
chocolate chocolat (*m.*)
chocolate mousse mousse (*f.*) au chocolat
choice choix (*m.*)
choose choisir
cigar cigare (*m*)
cigarette cigarette (*f.*)
city ville (*f.*)
client client(e) (*m. & f.*)
close fermer
C.O.D. payable à l'arrivée
coat room vestiaire (*m.*)
code code (*m.*)
coffee café (*m.*)
comb (se) peigner
come venir; ___ **down again** redescendre
compartment compartiment (*m.*)
complete complet(ète)
computer ordinateur (*m.*)
computer operator programmateur(trice) (*m. & f.*)
concussion commotion (*f.*) cérébrale
confirm confirmer
confirmation confirmation (*f.*)
connection (*subway*) correspondance (*f.*)
consult consulter
content content(e)
continue continuer
control contrôler
corner coin (*m.*)

correctly correctement
cost coûter
cough tousser
course cours (*m.*)
courtyard cour (*f.*)
covered couvert(e)
credit crédit (*m.*); ___ **card** carte (*f.*) de crédit
cross traverser
curler bigoudi (*m.*)
curly frisé(e)
custard tart flan (*m.*)
customer client(e) (*m. & f.*)
customs douane (*f.*)
customs' officer douanier(ère) (*m. & f.*)
cut coupe (*f.*)
cute mignon(ne)

D

damage dommage (*m.*)
darling chéri(e) (*m. & f.*)
daughter fille (*f.*)
day jour (*m.*), journée (*f.*)
decide décider
declare déclarer
defray défrayer
delay délai (*m.*)
dentist dentiste (*m. & f.*)
departure départ (*m.*)
deposit versement (*m.*)
deposit in déposer sur
descend descendre
describe décrire
deserve mériter
desire désirer
dessert dessert (*m.*)
destination destination (*f.*)
diaper couche (*f.*)
difference différence (*f.*)
difficulty difficulté (*f.*)
dine dîner
dinner dîner (*m.*)
diploma diplôme (*m.*)
direct direct(e)
direction (*geographical*) direction (*f.*)
directions indications (*f. pl.*), renseignements (*m. & f.*)
directly directement
disagreeable désagréable
discover découvrir
discuss discuter
disembark débarquer

display étalage (*m.*)
dispose disposer de
do faire
doctor médecin (*m.*), docteur (*m.*)
done fait(e)
door porte (*f.*)
downstairs au sous-sol (*m.*)
dress s'habiller
drink boire
drink boisson (*f.*)
drive conduire, rouler
driver conducteur (*m.*)
dryer séchoir (*m.*)
during pendant
duty-free hors-taxes

E

each chaque
earlier plus tôt
easily facilement
easy facile
eclair éclair (*m.*)
economize économiser
either non plus
embankment quai (*m.*)
emergency urgence (*f.*)
employee employé(e) (*m. & f.*)
end terminer
endorse endosser
English anglais(e)
enormous énorme
enormously énormément
enough assez de
enter entrer dans
entrance entrée (*f.*)
entrance fee entrée (*f.*)
errand course (*f.*)
error erreur (*f.*)
evening soir (*m.*)
everybody tout le monde
everywhere partout
exact exact(e)
exaggerate exagérer
excellent excellent(e)
excess excès (*m.*)
excuse oneself s'excuser
excuse me excusez-moi, pardon
exist exister
expensive cher(ère)
explain expliquer
extract arracher
extremely extrêmement
eye œil (*m.*), yeux (*pl.*)

F

fair foire (*f.*)
far loin
fast rapide
fatigue fatigue (*f.*)
fault faute (*f.*)
fear craindre
fee droit (*m.*)
feel se sentir
fever fièvre (*f.*)
fiancé(e) fiancé(e) (*m. & f.*)
file dossier (*m.*)
fill out remplir
filling plombage (*m.*)
film film (*m.*)
finally enfin
finance finance (*f.*)
find trouver
first d'abord, premier(ère)
first-class en première
fiscal fiscal(e)
fish poisson (*m.*)
fixed fixe
flesh chair (*f.*)
flight vol (*m.*)
flight attendant hôtesse (*f.*)
floor (*of a building*) étage (*m.*)
flu grippe (*f.*)
fluoride fluor (*m.*)
folding suitcase porte-habit (*m.*)
follow suivre
for pour, depuis
for two à deux
forget oublier
form bordereau (*m.*), fiche (*f.*), formulaire (*m.*)
franc franc (*m.*)
free gratuit(e)
freely librement
French français(e)
fresh frais(aîche)
friend ami(e) (*m. & f.*)
from à partir de
fruit fruit (*m.*)

G

garden jardin (*m.*)
girl-chaser dragueur (*m.*)
give donner
go aller
go ahead! allez-y!
go up monter; ____ **up again** remonter
goat chèvre (*f.*); ____ **cheese** chèvre (*m.*)
good bon(ne)
good-bye au revoir
good evening bonsoir
gooseflesh chair (*f.*) de poule
gram gramme (*m.*)
green vert(e)
grocer épicier(ère) (*m. & f.*)
grow pousser
guarantee garantir
guilty coupable

H

hair cheveux (*m. pl.*)
hair conditioner après-shampooing (*m.*)
hair style coiffure (*f.*)
hair stylist coiffeur(euse) (*m. & f.*)
half hour demi-heure (*f.*)
handsome beau, bel, belle
happen (to someone) arriver (à quelqu'un)
happy content(e), heureux(se)
hat chapeau (*m.*)
have avoir
have a headache avoir mal à la tête
have at one's disposal disposer de
have to devoir
hey! hé!
head tête (*f.*)
health santé (*f.*)
hear entendre
heavy lourd(e)
hello, good-day bonjour
help! au secours!
here ici
here is, are voici, voilà
hi! salut!
hit heurter, rentrer dans
hold tenir
hold on ne quittez pas
hope espérer
hospital hôpital (*m.*)
hostess hôtesse (*f.*)
hotel hôtel (*m.*)
hour heure (*f.*)
house maison (*f.*)
how comment
how long depuis combien de temps
how many combien de
how much combien de
hurry se dépêcher
hurt (se) blesser

I

idea idée (*f.*)
identification identité (*f.*)
if (*possible*) si (possible)
immediately immédiatement
impatient impatient(e)
in dans, en
in advance d'avance
in front of devant
in order en règle
in order that pour que
in order to afin de, pour
in style à la mode
included compris(e)
increase augmenter
indicate indiquer
inflation inflation (*f.*)
injection piqûre (*f.*)
impolite impoli(e)
instant instant (*m.*)
instruct charger de
insure (*mail*) recommander
interest intérêt (*m.*)
interest intéresser
interesting intéressant(e)
international international(e)
intervention (*medical*) intervention (*f.*)
interview entrevue (*f.*), rendez-vous (*m.*)
intestinal intestinal(e)
invest placer, investir
invite inviter
import importer
island île (*f.*)

J

job poste (*m.*), travail (*m.*)
journey voyage (*m.*)
juice jus (*m.*)
just the same quand même

K

key clé (*f.*)
kilometer kilomètre (*m.*)
kind genre (*m.*)
kitchen cuisine (*f.*)
know connaître, savoir

L

label étiquette (f.)
lady dame (f.)
land atterrir
landing débarquement (m.)
last durer
late tard, en retard
laugh rire
lead mener
leave partir, sortir; ____ **behind** laisser; ____ **a person, thing** quitter
left gauche (f.); **on, to the** ____ **of** à gauche de
leg jambe (f.)
lessen diminuer
lettuce salade (f.)
like aimer
line queue (f.)
list liste (f.)
little: a ____ **of** un peu de
little (one) petit(e) (le, la)
live vivre, habiter
living room salon (m.)
loaf of bread baguette (f.)
long long(ue)
long time longtemps
look at regarder
look for chercher
lose perdre
loss perte (f.)
lotion lotion (f.)
love aimer
Louvre Museum Louvre (m.)
lower inférieur(e)
luck chance (f.)
luggage bagage (m.)
lunch déjeuner (m.)

M

Madam Madame (f.)
magnificent magnifique
mail courrier (m.), poste (f.)
mail expédier
make faire
make fun of se moquer
Mama Maman (f.)
man homme (m.)
manage to arriver à
manicure manucure (f.)
map plan (m.), carte (f.)
market marche (m.)
marvelous merveilleux(se)
meal repas (m.)
meat viande (f.)
medicine médicament (m.)
meet (on purpose) se retrouver
meeting rendez-vous (m.)
menu carte (f.), menu (m.)
merchant commerçant (m.), marchand (m.)
mileage kilométrage (m.)
mineral minéral(e)
minute minute (f.)
miss (someone) manquer (à quelqu'un)
Miss Mademoiselle (f.)
mistake erreur (f.)
mode régime (m.)
moment moment (m.)
Mona Lisa Joconde (f.)
money argent (m.)
month mois (m.)
monthly mensuel(le)
morning matin (m.)
mouth bouche (f.)
move forward avancer
museum musée (m.)
mushroom champignon (m.)
must devoir, falloir

N

name nom (m.)
nape (of the neck) nuque (f.)
nearby tout près
necessary nécessaire
need avoir besoin de
neighbor voisin(e) (m. & f.)
nervous nerveux(se)
new neuf(ve), nouveau (nouvel, nouvelle)
newspaper journal (m.)
newsstand kiosque (m.)
next ensuite
next to à côté de
nice gentil(le), sympathique
no non
no one ne...personne
noon midi (m.)
not really pas vraiment
not serious peu grave
note constater
nothing ne...rien
now maintenant
number chiffre (m.), numéro (m.)
nurse infirmier(ère) (m. & f.)

O

obtain obtenir; ____ **information** se renseigner
of course bien entendu
offer offre (f.)
offer offrir
office bureau (m.); ____ **de poste** post office
official form fiche (f.), formulaire (m.)
official report procès-verbal (m.)
often souvent
O.K. d'accord
on sur
on account of à cause de
on foot à pied
once une fois
only seulement, uniquement
open ouvert(e)
open ouvrir
opening ouverture (f.)
or ou
orange orange (f.)
order commander
order commande (f.)
other autre
ouch! aïe!
overlook donner sur
over there là-bas
owe devoir

P

package emballer
package paquet (m.)
packaging emballage (m.)
pain douleur (f.)
pal copain, copine (m. & f.)
pale pâle
panic s'affoler
Papa Papa (m.)
pardon me pardon
Parisian parisien(ne)
pass passer; ____ **on the road** doubler
passenger passager(ère) (m. & f.)
passer-by passant(e) (m. & f.)
passport passeport (m.)
patience patience (f.)
pay payer
payable payable
penny sou (m.)

people gens (*m. pl.*)
perfect parfait(e)
perhaps peut-être
permanent permanente (*f.*)
permit permis (*m.*)
permit permettre
pharmacist pharmacien(ne) (*m. & f.*)
pharmacy pharmacie (*f.*)
phew! ouf!
phone téléphoner
phone again retéléphoner
photo photo (*f.*)
picture photo (*f.*), tableau (*m.*)
pie tarte (*f.*)
piece morceau (*m.*), pièce (*f.*)
piece (*of furniture*) meuble (*m.*)
place endroit (*m.*)
place placer
place setting couvert (*m.*)
plan plan (*m.*)
pleasant agréable
please s'il vous plaît, plaire à
pleasure plaisir (*m.*)
police police (*f.*)
policeman agent (*m.*) de police
polite poli(e)
pond étang (*m.*)
poor pauvre
poorly done mal fait(e)
pork chop côte de porc (*f.*)
porter porteur (*m.*)
possible possible
post office poste (*f.*)
postage affranchissement (*m.*)
postal postal(e)
postal package colis (*m.*)
potato pomme de terre (*f.*); **steamed** ___ pomme de terre vapeur
practical pratique
précisément precisely
prefer préférer
prepare préparer
prescribe prescrire
prescription ordonnance (*f.*)
present présenter
pretty joli(e)
price prix (*m.*)
problem problème (*m.*)
profession métier (*m.*)
programmer programmateur(trice) (*m. & f.*)
promise (se) promettre
proof of justificatif (*m.*) de
properly correctement
push pousser
put mettre

Q

quickly vite
quiet tranquille, calme
quote (*financial*) coter

R

rare (*meat*) saignant(e)
rate tarif (*m.*), taux (*m.*)
raw vegetables crudités (*f. pl.*)
razor rasoir (*m.*)
read lire
realize réaliser
reason raison (*f.*)
receipt récépissé (*m.*)
receive recevoir; ___ **money** toucher
reception desk réception (*f.*)
receptionist réceptionniste (*m. & f.*)
recommend recommander
red rouge
redo refaire
remain rester
remains restes (*m. pl.*)
rent louer
rental location (*f.*)
repaint repeindre
request demande (*f.*)
reservation réservation (*f.*)
reserve retenir
residence domicile (*m.*)
restaurant restaurant (*m.*)
result suite (*f.*)
return rendre, retourner, revenir, rentrer
reveal révéler
rich riche
right droite (*f.*); **on, to the** ___ **of** à droite de
right away tout de suite
rinse rincer
road chemin (*m.*), route (*f.*)
roam rôder
round trip aller-retour (*m.*)
ruin abîmer

S

salad salade (*f.*)
salon salon (*m.*)
same même
save (*money*) économiser
savings économies (*f. pl.*)
savings account compte (*m.*) de dépôt
say! tiens!
say dire
school école (*f.*)
scissors ciseaux (*m. pl.*)
screaming hurlement (*m.*)
season saison (*f.*)
seat place (*f.*)
second second(e)
second-class en seconde
see voir; ___ **again** revoir
seem avoir l'air
sell vendre
send envoyer
serve servir
service service (*m.*)
set (*hair*) mise (*f.*) en plis
several quelques
shampoo shampooing (*m.*)
sharply nettement
shift (*automatic*) boîte (*f.*) automatique
shop faire des courses, faire le marché
shorten raccourcir
shout crier
show manifester, montrer
shower douche (*f.*)
sick malade
side by side côte à côte
sideburn patte (*f.*)
silly ridicule
simple simple
simply simplement
sir Monsieur
siren sirène (*f.*)
sit down s'asseoir
sleeping car wagon-lit (*m.*)
smile sourire
so alors
so many tellement
sociology sociologie (*f.*)
solidly solidement
some quelques
someone quelqu'un
something quelque chose
somewhere quelque part
son fils (*m.*)
soon bientôt
soup soupe (*f.*); **onion** ___ soupe à l'oignon
spacious spacieux(se)
speed vitesse (*f.*)
speeding excès (*m.*) de vitesse
square (*city*) place (*f.*)
stamp tamponner
stamp timbre (*m.*)

station   gare (*m.*)
stay   séjour (*m.*)
steak   bifteck (*m.*)
steal   voler
steering wheel   volant (*m.*)
steward   steward (*m.*)
stewardess   hôtesse (*f.*)
stick   coller
stiff   raide
still   encore
stock   action (*f.*)
Stock Exchange   Bourse (*f.*)
stockbroker   agent (*m.*) de change
stop (*subway*)   arrêt (*m.*)
stop   arrêter, empêcher
stop! thief!   au voleur!
store   magasin (*m.*)
street   rue (*f.*)
string   ficelle (*f.*)
student   étudiant(e) (*m. & f.*)
study   étudier
subway   métro (*m.*)
suddenly   soudain, subitement
suffer   souffrir
suffice   suffire
suggest   suggérer
suit   convenir à
suitcase   valise (*f.*)
sun   soleil
Sunday   dimanche (*m.*)
superb   superbe
supermarket   supermarché (*m.*)
survive   survivre
Swiss   suisse
symptom   symptôme (*m.*)
system   régime (*m.*), système (*m.*)

T

tablet   cachet (*m.*)
take   prendre
take advantage of   profiter de
take care of   s'occuper de
take off (*plane*)   décoller
tall   grand(e)
tangerine   clémentine (*f.*)
telephone call   coup (*m.*) de téléphone
temperature   température (*f.*)
terrific   formidable
terrine   terrine (*f.*); duck ____ terrine de canard
thank you   merci
thanks to   grâce à
that's all   c'est tout

then   puis
there   là
there is, are   voilà, il y a
therefore   donc
thief   voleur (*m.*)
thing   chose (*f.*)
this way   par ici
thousand   millier (*m.*)
thus   ainsi
ticket   billet (*m.*), coupon (*m.*), ticket (*m.*)
ticket window   guichet (*m.*)
time   heure (*f.*), temps (*m.*), fois (*f.*)
timetable   horaire (*m.*)
tip   pourboire (*m.*)
tire   se fatiguer
tired   fatigué(e)
tiredness   fatigue (*f.*)
to   à, chez, pour
today   aujourd'hui
together   ensemble
toilet   toilettes (*f. pl.*)
tomorrow   demain
too   trop
too bad   tant pis
tooth   dent (*f.*)
toothpaste   dentifrice (*m.*), pâte dentifrice (*f.*)
total   montant (*m.*)
touch   toucher
traffic ticket   contravention (*f.*)
train   train (*m.*)
transportation   transport (*m.*)
travel   voyager
travel agency   agence de voyage (*f.*)
traveler   voyageur (*m.*)
traveler's check   chèque (*m.*) de voyage
tray   plateau (*m.*)
treat   traiter
trip   voyage (*m.*)
trouble   peine (*f.*)
troublemaker   malfaiteur (*m.*)
truck   poids-lourd (*m.*)
true   vrai(e)
truly   vraiment
turn   tourner
type   genre (*m.*)

U

unbelievable   incroyable
undergo   subir
unfortunately   malheureusement
uniquely   uniquement

university   université (*f.*)
unlimited   illimité(e)
upper   supérieur(e)
use   utiliser
used   usagé(e)

V

vacation   vacances (*f. pl.*)
valid   valable
value   valeur (*f.*)
veal   veau (*m.*)
vehicle   véhicule (*m.*)
verify   vérifier
very   très
very good   bien
very well   très bien
visit   visite (*f.*)
visit   visiter
visit (*someone*)   rendre visite à
vomiting   vomissement (*m.*)

W

waiter   garçon (*m.*)
walk   ballade (*f.*)
walk   se promener
walk along   longer
wall   mur (*m.*)
wallet   portefeuille (*m.*)
want   désirer, vouloir
wash   se laver
watch out!   attention!
water   eau (*f.*)
Wednesday   mercredi (*m.*)
week   semaine (*f.*)
weekly   hebdomadaire
weigh   peser
welcome   accueillir
what   quel(le)
when   quand
where   où
whiskey   whisky (*m.*)
who's calling?   de la part de qui?
why   pourquoi
window (*customs', ticket, etc.*)   guichet (*m.*)
window display   devanture (*f.*)
wine   vin (*m.*)
winter   hiver (*m.*)
wisdom   sagesse (*f.*)
wish   souhaiter, vouloir
withdraw   retirer
without   sans

without any reason sans raison
woman femme (*f.*)
world monde (*m.*)
worry s'inquiéter
write écrire

X

X-ray radiographie (radio) (*f.*)

Y

yes oui, si
yesterday hier
young jeune

SOLUTIONS AUX *MOTS-CROISÉS*

LESSONS 1-5: *Horizontal:* 1. donner 2. bonsoir 3. tousser 4. quai 5. fois 6. comme 7. voici 8. steward 9. place 10. désirer 11. maintenant 12. dessert 13. malade 14. étudier 15. poisson 16. vendre 17. visiter 18. rue 19. français 20. longer 21. attraper 22. viande 23. journée 24. pourquoi 25. très 26. cachet 27. vouloir 28. arrivée 29. grippe 30. pourboire 31. docteur 32. devant 33. étudiante 34. contrôler 35. aspirine *Vertical:* 1. donc 2. recommander 3. beaucoup 4. renseignements 5. trouver 6. souffrir 7. bon 8. seize 9. verte 10. saint 11. ainsi 12. traverser 13. mademoiselle 14. retéléphoner 15. son 16. et 17. fièvre 18. ma 19. douanier 20. non 21. demander 22. servir 23. garçon 24. ceinture 25. donc 26. passager 27. température 28. accepter 29. calme 30. avion 31. puis 32. boire 33. heure

LESSONS 6-10: *Horizontal:* 1. paquet 2. aujourd'hui 3. commerçant 4. lire 5. queue 6. police 7. habitons 8. photos 9. ficelle 10. véhicule 11. garantit 12. permis 13. passeports 14. loin 15. conduire 16. voiture 17. journal 18. appartement 19. perte 20. contravention 21. choisit 22. frisés 23. guichet 24. avion 25. fromage 26. avancez 27. douane 28. terrine 29. toilettes 30. donne 31. calculer 32. hurlement *Vertical:* 1. cartouche 2. chair 3. aéroport 4. importune 5. courrier 6. gramme 7. portefeuille 8. timbres 9. casse 10. sirène 11. flan 12. appeler 13. débarquent 14. marché 15. pièce 16. expédier 17. identité 18. voleur 19. attention 20. hurlement 21. froid 22. connais 23. malfaiteur 24. supermarché 25. baguettes 26. magasin 27. veau 28. emballage 29. calme

LESSONS 11-15: *Horizontal:* 1. chiffre 2. annonce 3. correspondance 4. ballade 5. sympathique 6. ordinateur 7. conducteur 8. destiner 9. doubler 10. redescendre 11. et 12. assister 13. retourner 14. métiers 15. oublier 16. devenir 17. économies 18. exagérer 19. champagne 20. bavarder 21. directement 22. carnet 23. simplement 24. comptable 25. impatiente 26. utiliser 27. ville 28. kiosque 29. remplir 30. extrêmement 31. portefeuille 32. horaire 33. expliques 34. journal 35. voir 36. gentil 37. réaliser 38. rencontrer 39. uniquement *Vertical:* 1. chéri 2. candidature 3. pâle 4. préférer 5. jardin 6. intéressant 7. erreur 8. entrevues 9. serviettes 10. idée 11. vacances 12. croire 13. guichet 14. hebdomadaire 15. mettre 16. raison 17. recevoir 18. chapeaux 19. travail 20. bientôt 21. perdu 22. semaine 23. mieux 24. parisiennes 25. voir 26. magnifique 27. explique 28. importer 29. seulement 30. kilométrage 31. illimité 32. consulter 33. cigarettes 34. énormément 35. travail 36. entrée

LESSONS 16-20: *Horizontal:* 1. étage 2. raccourcir 3. diplôme 4. facilement 5. apéritif 6. hiver 7. justificatif 8. étang 9. subitement 10. démêlante 11. banque 12. difficulté 13. délai 14. livret 15. plaisir 16. pattes 17. plombages 18. repeindre 19. cas 20. décolorer 21. choisir 22. inviter 23. actions 24. permanente 25. fauteuil 26. chèques 27. domicile 28. endosser 29. Bourse 30. bordereau 33. coter *Vertical:* 1. souriaient 2. shampooing 3. ternes 4. route 5. accidents 6. pharmacienne 7. bigoudis 8. après 9. immédiatement 10. heureuse 11. désagréable 12. peigner 13. promettre 14. crédit 15. coiffeur 16. ciseaux 17. récépissé 18. arracher 19. ouverture 20. couches 21. retirer 22. fluor 23. demande 24. saignez 25. bloquer 26. suites

KEY TO DICTATIONS

1. Je désire des crudités, une côte de porc, des pommes de terre vapeur, une salade, une mousse au chololat, et un café, s'il vous plaît.

2. Nous cherchons un bon petit hôtel dans un endroit calme. Nous désirons une chambre à deux avec un grand lit, une salle de bains, et le petit déjeuner compris, bien entendu.

3. Je suis étudiante à Paris et je cherche le musée du Louvre. Je suis ici Place de la Concorde devant le jardin des Tuileries. Je traverse le jardin et la Place du Carrousel puis j'entre dans la cour et je tourne à droite. Là je trouve l'entrée du musée.

4. Mon fils ne va pas bien. Il souffre d'une grippe. Il a mal à la tête, il tousse beaucoup, et il a de la fièvre. Il a besoin de quelques médicaments. Je téléphone au médecin vers 14 heures.

5. L'avion décolle et les hôtesses préparent le service des repas. Les passagers peuvent avoir de la viande, du poisson, du vin, du café, de l'eau minérale, du jus d'orange, ou du whisky.

6. Voulez-vous des fromages? Un petit morceau de Roquefort, un plus grand morceau de Brie, le chèvre le plus frais de mon étalage. Voilà. Je mets le paquet dans votre sac à provisions.

7. Aie un peu de patience! Je n'aime pas attendre non plus. Il y a des gens très fatigués devant nous. Ils viennent d'arriver de New York et leurs valises ne sont pas encore là. Voici les nôtres. Allons passer la douane et sortons vite.

8. L'emballage de votre paquet a l'air mal fait. Pourquoi ne l'attachez-vous pas plus solidement avec de la ficelle? Voilà. Maintenant votre paquet ne va pas subir de dommages.

9. Ne criez pas, Madame! Du calme! Je connais le voleur. Il rôde dans le marché depuis un mois à peu près. Il demande des sous aux passants. Je vais appeler la police. Les agents vont chercher le malfaiteur.

10. Achetez un timbre fiscal au café-tabac. Collez-le sur cette fiche et expédiez-le par courrier. Faites-le le plus rapidement possible.

11. Ne t'affole pas, Gilles! Tu ne va pas être en retard. Tu t'es très bien habillé pour ton entrevue et tu n'as rien oublié. Bonne chance.

12. Ne t'inquiète pas; tu n'as pas perdu ton portefeuille. Il est quelque part dans nos affaires. Tiens, le voici. Tu peux nous acheter nos tickets maintenant.

13. Tu sais, tu m'as manqué cet après-midi. Je suis resté si longtemps devant la Joconde parce qu'elle me faisait penser à toi. Restons ensemble demain.

14. Pendant que je l'attendais, j'ai consulté une liste des prix de location de voitures. Ça coûte cher, tu sais, de louer une voiture pendant une semaine.

15. Je ferai un voyage d'affaires au Canada en mars. J'aurai besoin d'un billet d'avion et de trois réservations d'hôtel. Y a-t-il des prix spéciaux qui pourraient m'intéresser?

16. Ça fait un bon moment que l'on ne vous a pas vu. On craignait ne jamais vous revoir. Avez-vous passé de bonnes vacances en Angleterre? Nous allons en parler pendant le dîner.

17. Deux amis roulaient en voiture. Subitement un poids-lourd leur a bloqué la route. La voiture est rentrée dans un arbre. Charles saignait du nez et Carole avait une grosse bosse sur le front.

18. Vous avez les cheveux un peu ternes. Avez-vous passé beaucoup de temps au soleil? Si oui, il est possible que vos cheveux se soient décolorés. Il serait triste que vous les abîmiez, vous avez de si beaux cheveux.

19. Je dispose de 200.000 francs et je désire les placer bien que je reçoive un taux d'intérêt intéressant. Je crois que je ferai bien d'investir l'argent pour qu'il ne perde pas de sa valeur à cause de l'inflation.

20. En attendant que je fasse ces plombages vous devez vous occuper de vos dents. Je vous donne une ordonnance que vous allez apporter chez le pharmacien. Demandez aussi un dentrifice au fluor.